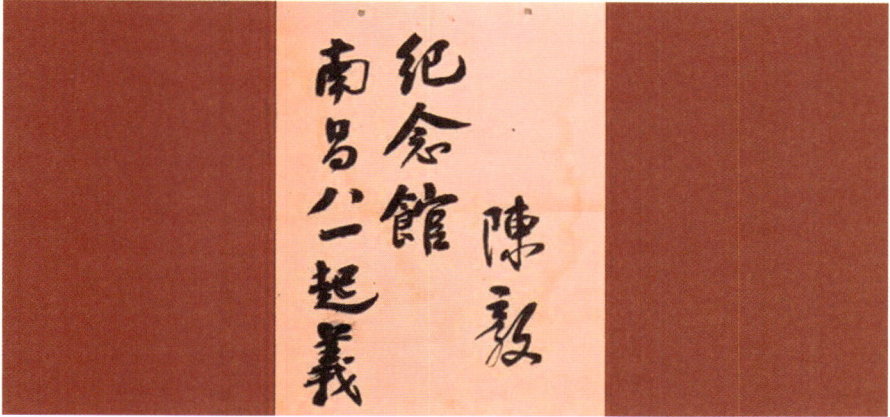

1958 年陈毅题写的南昌八一起义纪念馆馆名

朱德在南昌起义时使用的德国 M1896 式毛瑟短管手枪

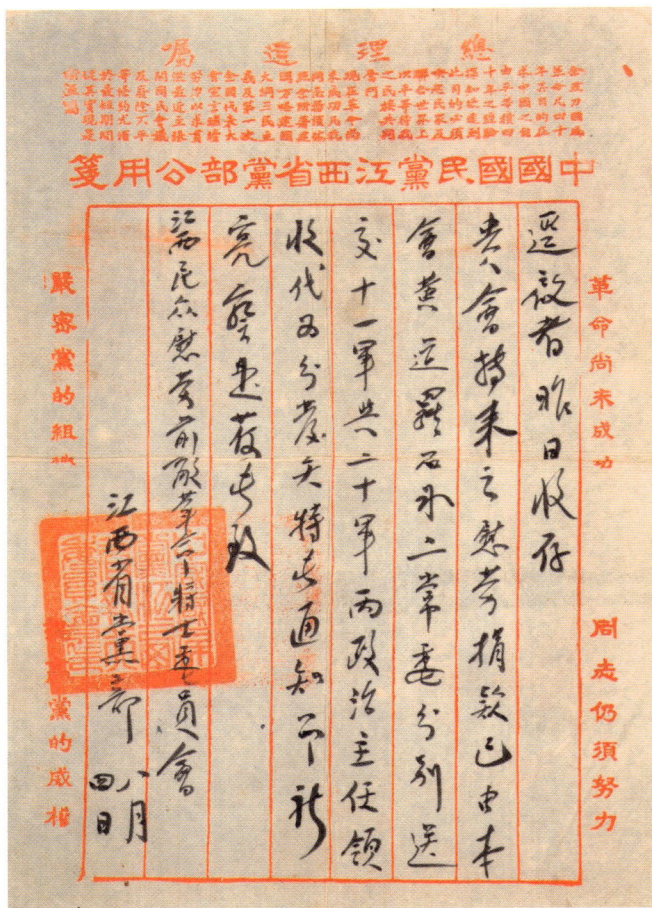

南昌起义时江西省党部致江西民众
慰劳前敌革命将士委员会捐款的回信

战地丰碑　中国红色文化研究会书库
中国红色文化研究会推荐阅读

南昌第一枪

刘小花　刘俊燕　著

顾　　　问	杨冬权				
编委会主任	刘润为	孙世会			
主　　　编	张福俭	杨秀珍			
委　　　员	胡呈军	徐　峰	吕　宏	王　程	蒋　殊
	姚　霆	郭　强	周长征	郭　松	王进华
	梁玉珍	黄　娜	刘洪武	张永群	王术刚

济南出版社

图书在版编目（CIP）数据

南昌第一枪 / 刘小花，刘俊燕著 . -- 济南：济南出版社，2024. 10. -- （战地丰碑）. -- ISBN 978-7-5488-6787-6

Ⅰ . K263.106

中国国家版本馆 CIP 数据核字第 20246PL105 号

南昌第一枪

NANCHANG DI-YI QIANG

刘小花　刘俊燕　著

出 版 人　谢金岭
责任编辑　姜天一
装帧设计　刘梦诗　陈致宇
插图绘制　马红豆　张亚慧　贺馨瑶

出版发行　济南出版社
地　　址　山东省济南市二环南路 1 号（250002）
总 编 室　0531-86131715
印　　刷　济南鲁艺彩印有限公司
版　　次　2024 年 10 月第 1 版
印　　次　2025 年 4 月第 1 次印刷
开　　本　165mm×230mm　16 开
印　　张　8
字　　数　78 千字
书　　号　ISBN 978-7-5488-6787-6
定　　价　29.00 元

如有印装质量问题 请与出版社出版部联系调换
电话：0531-86131736

总　序

　　在历史的长河中，总有一些篇章熠熠生辉，用热血铸就一个国家和民族的精神脊梁，中国革命军事史便是这样一段波澜壮阔、荡气回肠的不朽传奇。从 1927 年南昌起义的第一声枪响宣告人民军队的诞生，到抗美援朝战争的伟大胜利，每一场战役、每一次冲锋，都凝聚着无数革命先辈的奋斗与牺牲，铭刻着他们对国家、对人民的无限忠诚。老一辈革命家、军事家们以非凡的智慧和胆略，在战火纷飞中擘画着民族解放的蓝图；战士们以无畏的勇毅，直面敌人的枪林弹雨，视死如归，用血肉之躯筑起了坚不可摧的钢铁长城。他们的不朽事迹，成为激励一代又一代中国人奋勇前行的精神丰碑；他们的英勇行为，诠释了革命英雄主义，诠释了为了国家和人民的利益不惜牺牲一切的崇高精神。

　　2022 年 8 月 16 日，习近平总书记指出："中国式现代化是物质文明和精神文明相协调的现代化，要弘扬中华优秀传统文化，用好红色文化，发展社会主义先进文化，丰富人民精神文化生活。"如今，一代又一代的新时代少年成长起来，接过旗帜，开拓中华民族伟大复兴的光明前景；如今，我们比历史上任何一个时期都更接近实现中华民族伟大复兴的目标。越是接近这一目标，就越凸显青少年历史担当的关键性、青少年教育成长的重要性，越要深刻践行习近平总书记关于用好红色文化的深刻指示。

当我们翻开这套红色军史故事丛书，一幅幅震撼人心、热血沸腾的历史画卷便在眼前徐徐展开。通过阅读"战地丰碑"丛书中艰苦卓绝的战斗故事和感人至深的英雄事迹，青少年能够深刻感受到革命先辈为了国家独立、民族解放所作出的巨大牺牲，激发内心深处的爱国情怀，培养坚韧不拔的意志品质，树立正确的价值观。更重要的是，通过学习军史，青少年能够明白，人生的价值不在于索取，而在于奉献，在于成为有历史担当、有责任感的年轻一代。

让我们铭记历史，缅怀先烈，传承红色基因，为实现中华民族伟大复兴的中国梦而努力奋斗！这不仅是对革命先辈们的最好纪念，更是我们这一代青少年义不容辞的责任与担当。

以此作结，与读者朋友们和所有青少年朋友共勉。

刘润为

2025 年 3 月

写在前面

　　"八一"，轻轻三画，石破天惊，火花飞溅。回首历史的波澜，一部以"八一"为开篇的厚重史书徐徐翻开。

　　1927年8月1日凌晨2点，在以周恩来为书记的中共前敌委员会领导下，贺龙、叶挺、朱德、刘伯承等率领起义部队2万余人发动了震惊中外的南昌起义。经过4个多小时的浴血奋战，起义部队歼灭守敌3000余人，缴获枪支5000余支，子弹70余万发，大炮数门，顺利占领了南昌城。

　　"南昌首义诞新军，喜庆工农始有兵。"南昌城头一声枪响，划破黑夜的寂静，开始了中国共产党创建人民军队的新起点。从此，老百姓有了自己的子弟兵，中国革命拉开了新序幕。

　　仅仅6年后，一场盛大的阅兵典礼在"红都"瑞金举行。1933年8月1日凌晨3时许，几千支火把将阅兵场照得通亮。首长检阅，宣誓，颁奖章，授军旗，阅兵分列式，热闹而又庄严的仪式，昂扬饱满的情绪，深深鼓舞着红军将士。这是中国工农红军第一次庆祝自己的建军节。自这年起，每年的 8 月 1 日被确立为中国工农红军成立纪念日。"八一"成为人民军队的建军节。

"八一"的荣光不止于此。

1949 年 3 月 5 日，在河北省平山县西柏坡这个僻静的山村，中共七届二中全会隆重开幕。在会场的墙上，挂着一面巨大的旗帜，这是人民军队军旗的样旗。3 月 13 日，会议通过了毛泽东起草的《关于军旗的决议》，决议明确规定："中国人民解放军的军旗应为红底，加五角星，加'八一'二字。"6 月 15 日，中国人民解放军军旗和军徽样式正式公布：军旗为红底，上缀金黄色的五角星及"八一"二字，表示中国人民解放军自 1927 年 8 月 1 日南昌起义以来，经过长期奋斗，以其灿烂的星光，普照全国。

从此，"八一"在军旗、军徽中闪光。

目录

一 风云际会在南昌

风云突变

最美人间四月天，春风含笑柳如烟。文人墨客笔下的四月是一个多么美好的时节。可是，1927 年 4 月 28 日的北京却是血雨腥风，寒意逼人。这天，李大钊被军阀张作霖残忍杀害。

李大钊，字守常，河北省乐亭县人。中国共产党主要创始人之一，也是我国最早传播马克思主义的人。第一次国共合作后，李大钊负责国共两党在北方的各项工作。他的身份和工作遭到帝国主义和军阀的痛恨。

1927 年 4 月 6 日，军阀张作霖派兵闯入苏联驻华使馆，逮捕了李大钊及国共两党北方领导机关人员等共 60 余人。在狱中，李大钊饱受酷刑，始终大义凛然，坚贞不屈。为了保护其他共产党员和革命人士，他把所有责任都揽到自己身上。

"钊实当负其全责。惟望当局对于此等爱国青年宽大处理，不事株连，则钊感且不尽矣！"

4 月 28 日，李大钊第一个走上绞刑架，视死如归，从容就义。

他以 38 岁的年轻生命践行了自己许下的"牺牲永是成功的代价"的革命誓言。

为什么共产党主要领导人会被残忍杀害？这一切还得从第一次国共合作说起。

1924 年，国共两党携手合作，发起了国民革命（后文也称"大革命"）。1926 年 7 月 9 日，广州骄阳似火，烈日灼灼。东校场上人山人海，盛况空前。一场国民革命军誓师北伐典礼正在轰轰烈烈地举行。国民革命军高呼着"打倒列强，除军阀"的雄壮口号，踏上了铲除帝国主义支持的北洋军阀的道路。

20 世纪 20 年代的中国内忧外患，国家蒙辱，文明蒙尘，人民蒙难。帝国主义列强在中国的争夺日益激烈，不同派系军阀轮番上台执政，军阀混战愈演愈烈，百姓生活苦不堪言。为了推翻军阀的黑暗统治，实现中华民族统一，国共两党共同掀起了"大革命"浪潮，发起了北伐战争。

北伐军势如破竹，席卷大半个中国，击溃军阀吴佩孚、孙传芳部主力，迅速控制了长江流域的广大地区。正当北伐战争取得节节胜利的关键时刻，国民党反动派蒋介石集团、汪精卫集团相继露出凶狠的獠牙，篡夺革命果实，大肆屠杀共产党员和革命群众。

一时间，中国政治风云突变，乌云蔽日。一场席卷大江南北的反革命风暴即将来临。

1927 年 4 月 12 日，蒋介石发动了骇人听闻的"四一二"反革命政变，这是国民革命从高潮走向失败的转折点。仅 3 天的时间，共产党人和革命群众就有 500 多人被捕，5000 多人失踪，上海已是一座恐怖的人间地狱。随后，江苏、浙江、安徽、广东、广西等地发生了一连串的屠杀共产党员和革命群众的事件。

这个时候，黄埔军校成为广州"反共清党"的重灾区。熊雄，中共党员，时任黄埔军校政治部副主任，公开的共产党员身份使他成为被迫害的首要人物。他曾教育军校学生，为革命而死，"便于革命有贡献"，反之，"为升官发财、为恋爱、为军阀做走狗等毫无意义之死，即使死了成千上万，还是死于非命"。

1927 年 4 月，军校代校长方鼎英找熊雄谈话，一再劝他出国。熊雄说："这次'清党'，乃蒋的蓄谋……我宁愿将满腔热血洒在黄埔岛上，一泄我誓与此辈不共戴天之恨！"第二日早上，他面对全校师生疾呼："大家务必恪守孙中山先生遗嘱，将国民革命进行到底。"之后不久，他就被秘密逮捕。5 月中旬的一天，熊雄被押出牢房。他高声地和大家作别："好，我走了。"而后壮烈牺牲，时年 35 岁。

蒋介石叛变革命后，汪精卫很快也撕掉革命的伪装，露出了反革命的真面目。1927 年 7 月 15 日，汪精卫召开"分共"会议，决定同共产党决裂。会后，汪精卫密令第三十五军军长何键屠杀共产党人和革命群众，街头还贴出了"宁可枉杀千人，不可使一人漏网"的反动标语。至此，汪精卫集团和蒋介石集团共同把枪口对准了共产党和革命群众。第一次国共合作全面破裂，国民革命宣告彻底失败。

据不完全统计，从 1927 年 3 月到 1928 年上半年，被杀害的共产党人和革命群众人数多达 31 万，其中共产党员 2.6 万人。汪寿华、萧楚女、熊雄、陈延年、赵世炎……一大批党的优秀儿女倒在血泊之中。

面对这种险恶的环境，敢不敢革命，怎样坚持革命，这是中国共产党必须回答的两个根本性问题。在血雨腥风中，英勇的共产党人并没有被国民党的屠杀政策所吓倒，而是用鲜血与生命捍卫着共产主义的信念。正如夏明翰就义前写的："砍头不要紧，只要主义真。杀了夏明翰，还有后来人。"

在严酷的斗争和血的教训中，共产党深刻认识到，没有革命的武装就无法战胜武装的反革命，就无法夺取中国革命的胜利，就无法改变中国人民和中华民族的命运。

1927 年 7 月中旬，在汉口一幢三层西式洋房的二楼会议室内，中共中央进行改组，由张国焘、李维汉、周恩来、李立三、张太雷五人组成中共中央临时政治局常务委员会。改组后的中共中央，立即决定了三件大事：一是将党所掌握和影响的部队向南昌集中，准备发动武装起义；二是准备在湖南、湖北、广东、江西四个省发动秋收起义；三是召开中央紧急会议，讨论和决定党在新的历史时期领导革命运动的新方针。

由此，中国共产党开启了创建人民军队、独立领导武装斗争的新征程。

伟大决策

章江门，位于赣江之滨，是老南昌的一座老城门。"江南三大名楼"之首的滕王阁就位于章江门外，自古以来，这里舟楫往来不绝，"章江晓渡"更是被誉为古代"豫章十景"之一。

1927 年 7 月 25 日，章江门前人声鼎沸，热闹非凡。只见很多身着灰布军装的北伐军步伐整齐、士气高昂地进了章江门。

"听说这是北伐军叶挺的部队。"

"对对对，听说他们是要去打蒋介石的。"

"蒋介石叛变了革命，该打！"群众中有人交头接耳。

叶挺是北伐名将，他率领的部队英勇善战、纪律严明，在国民革命期间赢得了"铁军"的称号。当南昌的老百姓得知这是叶挺的"铁军"时，满是敬仰和喜悦之情。

中国共产党为什么会选择在南昌举行起义呢？我们不妨将历史的车轮倒回至 1927 年的那个夏天，一起来探究为何震惊中外的"第一枪"会在南昌打响。

1927 年 7 月 19 日，李立三和邓中夏乔装打扮，秘密从武汉来到九江。李立三是当时中共中央临时常委之一，此行他是来联络第二方面军总指挥张发奎，准备联合他一起回广东重建革命根据地。

下船后，李立三顾不得满身疲惫，立即联络在九江秘密活动的同志们。

　　九江，地处长江中游南岸，有"江西北大门"之称。为了便于革命活动，中共中央秘密安排林伯渠胞弟林祖烈担任国民政府外交部驻九江外交专员兼九江海关监督。国民革命失败之际，共产党人吴玉章、林伯渠等人在九江秘密建立了"国民党中央办事处"，接应来往的革命同志。

　　在林祖烈的安排下，李立三、邓中夏、谭平山、叶挺、聂荣臻等人在九江海关内的一幢二层小楼里秘密召开会议。

　　会议主持人李立三率先发言，他直接说道："张发奎对我们不满，已经明确表示要第二方面军中的高级军官如叶挺等退出军队。他高唱拥护汪精卫，态度已经很明显了。我们要与他合作回广东，恐怕已无可能。"

　　"我们现在掌握和影响的部队都隶属于张发奎的第二方面军。一旦张发奎在部队中'清党'，我们这点儿兵力迟早会被吃掉。"前敌军委书记聂荣臻忧心忡忡地说道。

　　"我们要当机立断，立即联合贺龙的第二十军，到南昌去独立举行武装起义。"谭平山坚定地说道。

　　"张发奎已经实行'分共'的政策，依靠他回粤徐图发展已无可能。我们可以把部队拉到南昌去。南昌周边敌人力量不大，有利于起义。"李立三说道。

　　"对，到南昌去举行起义！"大家纷纷表示赞同起义的主张。

　　聂荣臻又补充说道："从兵力对比上来看，南昌及其周边的敌人不多，第五方面军总指挥朱培德所辖的第三军和第九军分别驻在吉安、进贤一带，而南昌城内守敌只有朱培德的一个直属警卫团，以及第三军、第六军、第九军，共计 6 个团，总兵力约 6000 人。我们可以动员部队 2 万余人，兵力上占优势。"

经过一番热烈的讨论，大家对在南昌发动起义达成了一致意见。会后，大家分头行动。李立三和邓中夏立即上庐山，请瞿秋白同志将南昌起义的建议带回武汉，向中共中央汇报。谭平山则要去争取一个关键人物，那就是手握重兵的第二十军军长贺龙。

7 月 23 日，谭平山在设于九江饭店的第二十军军部见到了贺龙，想争取他参加起义。谭平山是革命元老，在国共两方都有重要地位。他与贺龙比较熟悉，关系也不错。

"我们准备在南昌发动起义。"一见面，谭平山就开门见山地说道。

"这就对了嘛，早就该动手了。"贺龙热烈地回应。他吸着烟斗，接着说道："起义，我坚决听共产党的，在武汉时我就向周恩来表示过。"

"好，那就这样说定了。起义有你贺军长支持，我们更有胜利的把握了。"谭平山高兴地握住贺龙的手。

贺龙当时还不是共产党员，但他思想进步，对共产党抱有好感。参加南昌起义的总兵力有 2 万余人，其中，贺龙所率领的第二十军就有 7500 多人。

7月24日，中共中央在武汉召开会议。会上，中央临时政治局常委会和共产国际代表分析了敌我形势，同意在南昌举行起义，同时决定以周恩来为书记，李立三、恽代英、彭湃为委员，组成前敌委员会，组织和领导南昌起义。至此，南昌起义的决策正式确定下来。

一场史无前例的暴风雨即将席卷南昌城。

临危受命

在南昌起义中，始终有一位关键的灵魂人物，他就是后来成为中华人民共和国总理的周恩来。

周恩来，从小立志为中华崛起而读书。他曾留学日本、欧洲，与同学约定"愿相会于中华腾飞世界时"。1924年，周恩来出任黄埔军校政治部主任；1926年，周恩来任中共中央军事委员会委员；1927年"四一二"反革命政变后，周恩来等人联名向中共中央建议，加紧组织武装力量，迅速出师讨伐蒋介石；同年7月中旬，中共中央进行改组，周恩来成为中共中央临时政治局常委之一。

沧海横流方显英雄本色。在革命的危急关头，周恩来清醒地认识到，只有武装斗争才是中国革命取得胜利的唯一出路，他令以聂荣臻为书记的前敌军委，先行前往九江，做好武装起义的准备工作。

7月24日，中共中央决定发动南昌起义。谁去领导和组织起义？中共中央把这一重任交给了周恩来，任命他为南昌起义前敌委员会书记。就这样，年仅29岁的周恩来临危受命，立即前往九江、南昌，领导发动南昌起义，肩负起挽救中国革命的重任。

中央选定周恩来为南昌起义的领导者可谓是深思熟虑，权衡再三。

第一，周恩来具有一定的军事经验，是个深谋远虑的领导者。早在 1924 年 11 月，"建国陆海军大元帅府铁甲车队"就是在周恩来的直接领导下创建的。这支铁甲车队的骨干力量后来全部编入叶挺独立团，是中共直接掌握的第一支武装力量。国民革命期间，周恩来亲自率领黄埔学生军进行第一次东征，率领革命军进行第二次东征，组织和领导了上海第三次工人武装起义。1927 年 5 月，中共中央军事部在武汉成立，周恩来为军事部部长。之后，他先后约见了贺龙、刘伯承、朱德等人，为后来南昌起义的推进打下了坚实基础。

第二，周恩来信仰坚定、政治过硬，是保守党的秘密、严守党的纪律的典范。在他离开武汉时，他的妻子邓颖超都不知道他要去做什么。邓颖超回忆道："恩来直到要离开武汉的时候，在晚饭前后才告诉我，他当晚就要动身去九江。去干什么，要待多久，什么也没有讲。我对保密已成习惯，什么也没有问……后来还是看了国民党的报纸，才知道发生了南昌起义。"

第三，周恩来严谨细致、知人善用。为保障起义的顺利举行，周恩来周密部署，运筹帷幄，任用了贺龙、叶挺、朱德、刘伯承等一大批军事领导人才。在南昌起义前，刘伯承就是享誉川中的名将，他多谋善断，具有武装起义的军事经验。起义前，周恩来迫切需要这样一位足智多谋、能打善战的得力助手。刘伯承秘密赶到南昌，周恩来任命他担任军事参谋团参谋长。据周恩来回忆："参谋团当时没有人任主任，我就指定刘伯承同志来做参谋长。他起初谦虚，不肯答应，后来我就说'一定要你来做'，他才同意担任参谋长职务。"

1927 年 7 月 27 日，周恩来一到南昌，便立即部署南昌起义的各项具体事宜。他首先找到朱德，与朱德弄清南昌城兵力布防情况。第二天，他又亲自拜访贺龙，任命贺龙为起义总指挥。

在周恩来的周密筹划下，起义各项工作有条不紊地进行着。他工作辛劳，鞠躬尽瘁。当时在江西大旅社周恩来工作和休息的 25 号房间，前来汇报工作的人员络绎不绝。贺龙后来回忆说："起义时，恩来同志是最忙的，他精力充沛，夜以继日，不知疲倦。"据江西大旅社老工友深情回忆，25 号房间总是彻夜通明，周恩来经常忙到深夜。

1927 年 8 月 1 日凌晨，在周恩来等人的领导下，南昌城头的枪声划破了黑夜的寂静，照亮了革命前进的方向。周恩来，这个光荣而不朽的名字，与人民军队的创建密不可分，永载史册。

花园角 2 号

"南昌奇观，最东湖、好景重重叠叠。"这是宋朝诗人王义山的诗句，描写的正是南昌市东湖的美景。在风景优美的东湖畔，有一条路叫民德路。这条路上有一栋普通的江南民宅，它就是花园角 2 号。

1927 年 1 月，南昌的冬天寒风如刀，好似冰窖。花园角 2 号迎来了一位新租客，他就是来南昌开展革命工作的朱德。

朱德是奉中共中央指示来南昌工作的。当时，驻守江西的是国民革命军第三军朱培德的部队。朱德与朱培德曾经是云南陆军讲武堂的同窗好友，在学校时就享有"模范二朱"的美誉。当他得知朱德来到南昌，万分欣喜，立马找到朱德。

朱培德先是委托朱德任第三军军官教育团团长，后又让朱德担任南昌市公安局局长一职。在南昌的半年间，朱德不仅注重军官教育团的军事训练和学员的政治思想工作，还在南昌培养了一大批共产党的革命骨干。

为了方便开展工作，朱德便将花园角2号整个包租下来。这栋房子是建于20世纪20年代的一座私人住宅。整栋房子坐西朝东，老式青砖外墙，门口装饰有雕花飞檐，内有前后两个天井，是一栋两层砖木结构的传统江南民宅。这栋民居位于市区中心，交通便利，离军官教育团又很近，便于朱德开展工作。此后，这所房子成了南昌一个重要的革命活动秘密据点。

1927年3月的一天，南昌细雨绵绵，东湖畔的垂柳吐出了新枝条。时任国民革命军总政治部副主任的郭沫若，敲开了花园角2号朱德的家门。郭沫若与朱德同为四川老乡，二人结识于北伐期间。

许久未见，二人寒暄一阵。见郭沫若满脸愁容，朱德关切地询问道："郭主任，怎么啦？"

"我要揭露蒋介石的丑恶罪行……"郭沫若义愤填膺地控诉起来。

他跟朱德说，他要把蒋介石的反动行径写出来昭告天下。朱德听完后，肯定了郭沫若的想法。他冒险把郭沫若留在花园角2号，在二楼腾出一个房间供他居住、写作。为了保护郭沫若，他还派自己的警卫员专门照顾和贴身保卫。

1927年3月31日，郭沫若便在花园角2号这栋楼里撰写出轰动全国的讨蒋檄文——《请看今日之蒋介石》。在这篇檄文中，郭沫若以自己的亲身经历揭露了蒋介石的反革命面目。蒋介石闻讯勃然大怒，在全国通缉他。

1927年6月，因为朱培德在江西搞"礼送共产党"的"分共"活动，朱德被迫离开南昌。7月中旬，因为朱德熟悉江西情况，中央又派遣朱德秘密从武汉返回南昌。朱德返回南昌后，依然住在花园角2号。在这里，朱德为南昌起义做了大量的前期准备工作。他利用与第三军上层军官的旧情，探明敌方兵力部署；又组织各界群众欢迎"铁军"，为叶、贺部队寻找驻地；还帮助云集南昌的革命同志寻找到了住所。

7月27日，周恩来手提一个黑皮箱，从武汉秘密来到南昌。他风尘仆仆地敲开了花园角2号的大门。

朱德见是周恩来，十分高兴，格外亲热——周恩来可是他的入党介绍人，是他革命生涯中的贵人。

"刘刚，赶紧去买炼奶饼干。"朱德一边把周恩来迎进门，一边对着他的警卫员喊道。

"团长，这位是什么人？"警卫员刘刚好奇地问。

"周恩来先生今日才到南昌，你要好好招待。有什么需要，你要随叫随到。"朱德交代刘刚道。

中午，朱德亲自下厨，炒了几个小菜。二人边吃边聊，朱德把在南昌摸排到的兵力布防情况向周恩来做了详细汇报。

周恩来听完高兴地说："玉阶（朱德字玉阶），才几天工夫，你就把情况弄得这样透彻，你可真是个很好的参谋和向导啊！"

当晚，周恩来借住在朱德家中的厅堂。二人深入研究南昌起义的作战方案和具体部署，讨论革命的道路，还提出了"设宴请敌军团长，加速瓦解敌军"的妙计，为起义取得成功做好了铺垫。

花园角 2 号，这栋看似普通却又不寻常的住宅，见证了 1927 年革命的风云岁月。

军事"红船"

"红船"，一艘扬起理想风帆的船。浙江嘉兴南湖的"红船"宣告了中国共产党的诞生。鲜为人知的是，人民军队诞生前也有这么一艘军事"红船"。在这艘"红船"上，又发生了怎样的故事呢？

庐山，地处江西九江，素有避暑胜地之称。庐山一年四季景色美如画，赞颂庐山的诗词数不胜数。夏日的庐山更是吸引了很多来此避暑赏景的游人。1927 年 7 月，叶剑英正在庐山，但他却心急如焚、忧心忡忡，根本无暇欣赏庐山美景。叶剑英，时任国民革命军第四军参谋长。结合近日的所见所闻，他隐约地感到：汪精卫、张发奎将要全面"清共"。

果不其然，汪精卫、张发奎召开紧急军事会议，他们察觉到贺龙、叶挺部队不太稳定，准备对这两支部队下手。会上，汪精卫命令张发奎以第二方面军总司令的名义发电，通知贺龙、叶挺去庐山开会，命令贺龙、叶挺的部队到九江、南昌之间的德安一带集结。这可是个大阴谋，他们想趁机扣押贺、叶二人，解除他们的兵权。

叶剑英得知这一阴谋后，焦急万分。此时的他，不仅是第四军参谋长，还是中共秘密党员。1927 年 7 月上旬，经周恩来同意，叶剑英被中共中央批准成为中共党员。叶剑英的一生，为中国革命和建设做出过巨大贡献，更是南昌起义的幕后英雄。他心里想着，必须尽快通知贺龙、叶挺，让他们早做准备，否则后果不堪设想。

会后，叶剑英便冒着极大的危险，连夜下山赶到九江约见贺龙、叶挺。

九江，东征大军陆续云集，格外热闹，人群熙熙攘攘。城中有一处甘棠湖，传说三国时周瑜练水军曾在此点将，自古便是文人墨客游玩之所。甘棠湖聚集了不少游湖赏景之人，热闹非凡。为了避人耳目，贺龙特意叫副官找来一条小船，与叶剑英、叶挺、廖乾五、高语罕等五人一起，摆出一副泛舟游玩的姿态，将船渐渐驶离了岸边。这种小船，在九江被称为"小划子"，是老百姓日常打鱼、运货、游玩的出行工具。

　　风和日丽，水波不兴。待小船渐渐驶入湖心，贺龙抢先发问："他们要我们上庐山开会究竟搞什么名堂？"此时的贺龙、叶挺已经收到了上山开会的命令。

　　"贺军长，汪精卫要调你和叶师长上山，可不是让你们去避暑商议'东征讨蒋'的，他们是要把你俩扣起来，解除你们的兵权。"叶剑英把汪精卫的阴谋一股脑儿说了出来。

　　"原来如此！怪不得他们殷勤得很，左一个邀请右一个邀请，原来搞的是这个名堂。"贺龙深深地吸了一口烟斗说道。

　　"贺军长，依你看，我们怎么办？是上山还是去德安？"叶挺问贺龙。

　　"照我看，庐山、德安都不能去，我们开去南昌。"贺龙望着叶挺意味深长地说道。

　　事出紧急，容不得半点儿犹豫。经过紧急商议后，大家一致决定：贺龙、叶挺不上庐山开会，也不把部队集中到德安，而是奔赴南昌。

　　会后，贺龙、叶挺二人分头行动，叶挺率领的第十一军第二十四师、贺龙率领的第二十军分别于 25 日和 26 日乘火车开赴南昌。叶剑英秘密赶回庐山，在敌人的"心脏"处继续潜伏。在这千钧一发的时刻，叶剑英以高度的责任心和敏锐的时局判断力，对保护党的武装力量、推动南昌起义顺利举行立下大功。在此后的革命生涯中，他在关键时刻多次出手，为革命做出了特殊的贡献。毛泽东曾赞颂他："诸

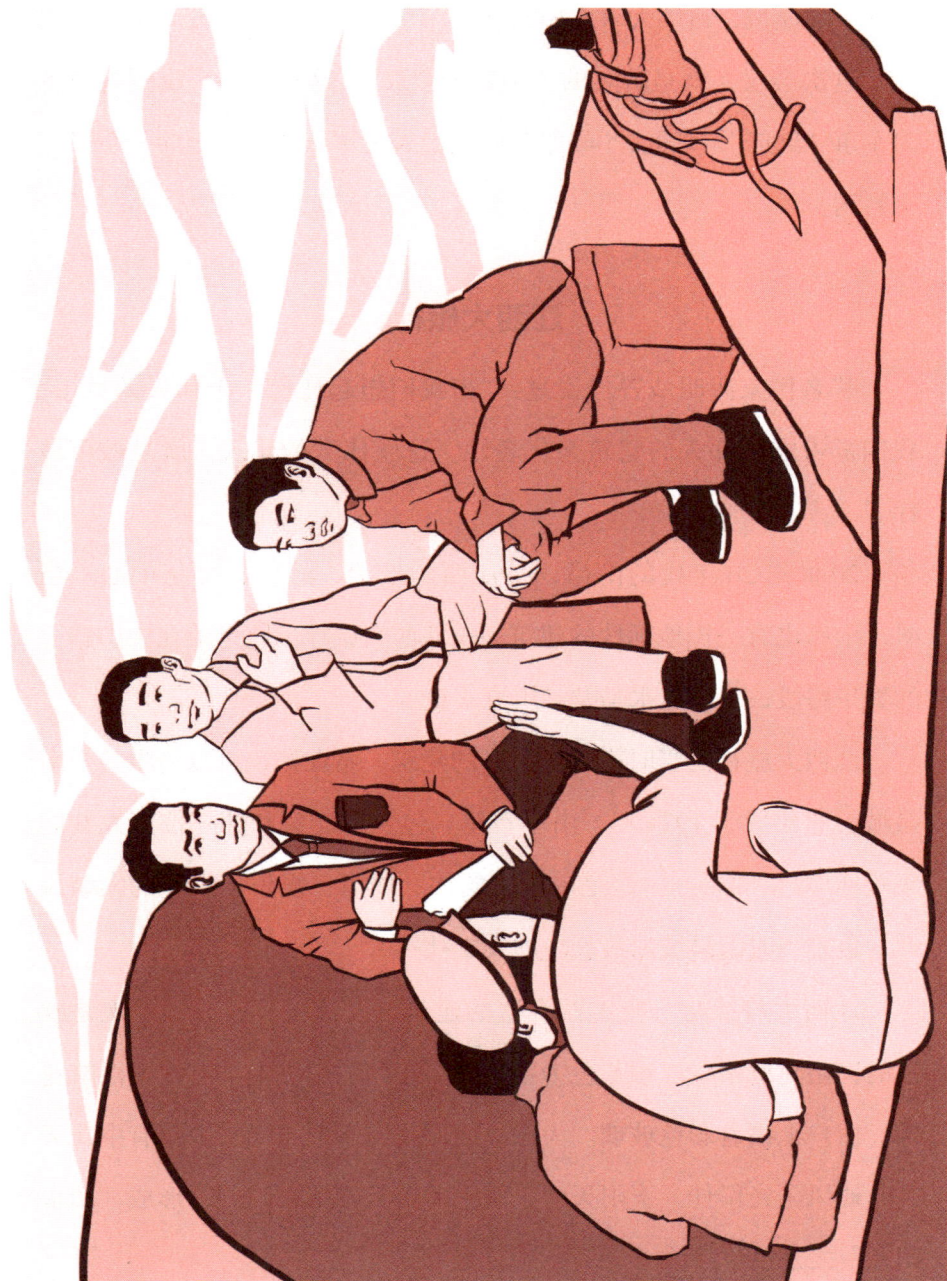

葛一生唯谨慎，吕端大事不糊涂。"

这次会议，就是著名的"小划子会议"。这条小船，也因此被誉为军事"红船"。从此，"红船"启航，人民军队从胜利走向一个又一个胜利。

江西大旅社

著名作家海明威曾经说过："当我们想起任何一个伟大的城市，我们都习惯用伟大的建筑来代表她。这座伟大的建筑，就是城市地标。"

20 世纪 20 年代的南昌，是江西的政治、经济、文化中心。当时，南昌也有一栋地标性的建筑——江西大旅社。它坐落在中山路上的繁华路段，每日车水马龙，川流不息。

江西大旅社是当时南昌城最高的建筑，站在楼顶可以鸟瞰整个南昌城。它建成于 1924 年，由李晋笙、包竺峰、罗和仲三位商人共同集资 40 万银圆兴办。这是一所集餐饮、住宿、娱乐于一体的大型旅社，也是当时南昌城内最豪华的大旅社。

江西大旅社是一幢中西合璧的建筑，设计独具匠心。外观是欧洲的巴洛克风格，以银灰色为主色调。正门的门楣上饰有水泥浮雕花饰，窗户上镶着彩色玻璃。大旅社内部是回字形布局，中间有中式天井，通风采光俱佳。下雨天时，雨水顺着天井落在院内，形成"四水归堂"之意境。

大旅社的一楼是喜庆礼堂，里面的陈设和布局相当豪华，原本是专门供有钱人举行婚礼、办寿酒等庆典使用的。每当夜幕降临，堂内的中式灯笼吊灯和西洋花式壁灯交相辉映，美不胜收。

大旅社二楼有中餐厅、包厢及一些客房。中餐厅又称江天大酒楼，每间包厢都以名贵花木命名，如红梅、玫瑰、碧桃等。三楼是西餐厅，又称西江番菜馆，每间包厢则以国外著名的城市命名，如伦敦、柏林、罗马等。另外，在大旅社的顶层平台北端设有一座两层小楼，名为摘星茶楼，是供商人们闲谈或是联络生意之用。

大旅社共有 96 间客房，按照房间大小和家具陈设不同，分为一、二、三等房，不同等次价格相差很大。尽管这里的消费很高，但每日依然门庭若市，宾客如云。

1927 年 7 月底，它迎来了一批不一样的"客人"。这些"客人"汇集在此，发动了震惊中外的南昌起义，打响了石破天惊的"第一枪"。

7 月 27 日，南昌烈日当空，骄阳似火。贺龙的第二十军浩浩荡荡地开进了南昌城。一进南昌城，贺龙便选中了江西大旅社这个地方，并以第二十军第一师的名义包租了下来。起义期间，整个大旅社都不对外营业，全部作为准备起义所需的房间，从四面八方赶赴南昌的起义领导人陆续来到这里。

7 月 27 日晚，以周恩来为书记，李立三、恽代英、彭湃为委员的南昌起义领导机构——中共前敌委员会（后文也称"前委"）在大旅社的喜庆礼堂内成立。会议室旁的 9 号房间是起义的最高军事指挥机关——军事参谋团办公室，军事参谋团参谋长刘伯承在此办公。

在大旅社一楼，还住着负责安全警卫工作的第二十军第一师的官兵。师长贺锦斋、党代表方维夏、警卫班班长粟裕分住在这一层的房间。在战斗打响后，一楼还设有临时卫生队救护室、战利品存放室。

在二楼的 25 号房间，中共前敌委员会书记周恩来在此办公。在隔壁的小会议室，周恩来接见了很多前来投奔革命的青年学生，勉励他们要为革命而不懈奋斗。会客室的西边，是负责起义军财政工作的林伯渠的房间。

为什么这样一个热闹喧嚣的场所会成为南昌起义的总指挥部呢？俗话说"最危险的地方就是最安全的地方"，这样的环境比较适合隐秘地开展起义的各项工作。当时谁也没想到，这鱼龙混杂的豪华大旅社会成为南昌起义的总指挥部。

江西大旅社其他空置房间，成为革命人士活动的场所。他们在这里热烈讨论斗争策略，畅谈革命的未来。起义胜利后，江西大旅社成为革命委员会的办公场所。委员们通宵达旦地书写标语和传单，各种通告、政纲和宣言几乎都是从江西大旅社发出的。

中华人民共和国成立后，南昌八一起义纪念馆筹备处接管了当年的总指挥部旧址——江西大旅社。1959 年 10 月 1 日，南昌八一起义纪念馆正式对外开放。从此，这里成为万人景仰的红色圣地。

光阴荏苒，时光如虹。昔日的豪华大旅社，因南昌起义而意义非凡。走进这栋百年老建筑，凝望这里的一砖一瓦，仿佛仍可以"聆听"到当年起义的历史回响。

起义一波三折

1927年8月1日，南昌起义正式打响。从此，"八一"二字熠熠生辉。

但是，南昌起义最开始预定打响的时间并非这一天，而是一波三折，历经坎坷，最终在8月1日冲破了重重障碍。

南昌起义最先预定打响的时间是7月28日。1927年7月24日，根据李立三等在九江的同志的建议，中共中央同意在南昌举行起义。周恩来作为南昌起义前敌委员会书记，立即启程前往九江。与此同时，李立三、恽代英、邓中夏等人在九江召开第二次会议，将起义的时间初步定在7月28日。

7月26日早晨，周恩来秘密赶到九江，与九江的同志们召开了第三次会议，讨论了起义的政纲等事宜。会后，周恩来又交代聂荣臻赶到马回岭，争取将驻扎在那里的第四军二十五师带回南昌，参加起义。第二天，周恩来和陈赓马不停蹄地赶到南昌。27日晚，周恩来在江西大旅社召集前委成员以及相关人员开会。

夜幕降临，华灯初上，江西大旅社一楼喜庆礼堂的会议正在紧张地召开着。周恩来、李立三、彭湃和谭平山等人围坐一桌，他们来不及寒暄，便直接进入讨论起义的正题。

"同志们，根据党中央的决定，党的前敌委员会现在正式成立了。中央令我担任前敌委员会书记，负责领导这次起义。"周恩来环顾一周后，郑重地宣布了中央的命令。

"这次暴动是敌人逼出来的，不如此便没有出路。暴动只能成功，不能失败。"周恩来慷慨激昂地继续讲道。在场开会的人，情绪都被点燃了。会上，大家充分地交换了起义的准备情况。经过详细讨论，大家发现，由于时间太匆忙，有些重要人员和队伍还未赶到，有些问题还有待进一步商榷，仓促起义的话，成功的把握不大。于是，会议决定：起义时间推迟两天，由原定的 7 月 28 日推迟到 7 月 30 日夜。这是起义时间的第一次调整。

正当起义准备工作紧张进行时，一封电报再次改写了起义时间。

7 月 29 日，前委接连收到两封急电。当时，前委正在召开会议，大家热烈地分析着敌我情况。其间，周逸群进来，悄悄对周恩来说："九江又来急电。"

周恩来接过电文，上面赫然写着："不要着急起义，无论如何要等我到了南昌再决定。"大家看完电报，面面相觑。这到底是怎么回事？

原来，发电报的人是当时担任中共中央临时政治局常委之一的张国焘。一石激起千层浪，他要来的消息引发了一场激烈的争论。

7 月 30 日早晨，张国焘以"中央代表"的身份匆匆赶到了南昌。

他到后立即通知召开前委扩大会议。这次会议除了前委成员，其他重要领导干部也都参加了。

大家一进会场，立刻感受到不一样的氛围。

作为前委书记，周恩来主持此次会议。他不解地问道："国焘同志，起义一切就绪，原本准备今天动手的，你昨天连发两封急电，说要等你到后才能动手，大家都不知何意，请你说说是怎么回事。"

张国焘用目光扫了一下会场，才不紧不慢地开口说道："我前来传达共产国际的指示。他们的意思是，起义有把握成功才能举行，否则就不能行动！我还有一点意见，这次起义要得到张发奎的同意才能发动，他不同意我们绝对不能行动……"

一时间，整个会场突然安静下来，仿佛空气都凝结了。

"现在都什么时候了，这个问题难道还需要重新讨论吗？"李立三打破了会场的安静。

"这个问题当然是要讨论的。要不然上面派我来南昌做什么！"张国焘盛气凌人地对李立三说道。

"混蛋！"此时谭平山也忍不住了，用力拍了一下桌子骂道。

"张国焘，如果你要继续动摇军心，我们就要打倒你！"与张国焘一起从九江赶来的恽代英激动地说。

群情激愤，会议室内一场舌战开始了，气氛紧张极了。

见此情景，周恩来开口说道："干还是要干的。张发奎已经和汪精卫是一伙的了，他绝对不会同意我们起义，不能再依赖张发奎了。"

会上，大家争得面红耳赤。激烈的讨论持续了一天一夜。一向温文尔雅的周恩来，生平第一次着急地拍了桌子。

7月31日早晨，会议继续。突然，传令兵来报："报告，紧急电报！"大家一看，是张发奎发来的紧急电报。电报里说了三件事：一是要贺龙和叶挺迅速去庐山开会；二是命令贺龙和叶挺在规定的时间内撤兵，把部队带回九江；三是他本人会在8月1日到南昌，亲自监督叶挺和贺龙撤兵。

听完电报，会场顿时炸了锅。形势紧急，起义不能再等了！李立三说道："如果等张发奎到南昌，起义就无法进行了。"

谭平山也着急地说道："起义是箭在弦上不得不发，不能再等了！"

大家把目光投向了前委书记周恩来。周恩来看了一眼大家，坚决果断地宣布："南昌起义于8月1日凌晨4点举行！"

贺龙、叶挺迅速签发了作战命令："我军为达到解决南昌敌军的目的，决定于明（一）日四时开始向城外所驻敌军进攻，一举而歼之！"

起义为什么选择凌晨4点？这也是经过周密考虑的。南昌是有名的"火炉"城市，夏季酷热难耐，人们睡得比较晚。下半夜暑气消退，正是人睡得最沉的时候，便于起义行动。

然而，就在起义即将打响的关键时刻，又出现了一个突发情况——

7月31日晚9时许，起义军中钻出一个鬼鬼祟祟的身影。

紧接着，第二十军第一师师长贺锦斋与一团团长刘达五两人一头闯进贺龙的指挥部，喘着粗气报告："贺师长，三营副跑了！"

"哪一个？"贺龙急切地问。

"赵福生，就是在武汉逃跑又被招抚回来的那个。"

赵福生是黄埔军校毕业的，参加了北伐战争。但是，在国民革命后期，因他的父母是地主，被当地农民打倒了，他便开始对共产党心生怨恨，一直寻找机会投靠国民党。

贺龙得知这一突发情况后，立马派人通知了周恩来。

获悉这一意外，周恩来严肃又沉着地与前委成员分析，起义计划已经泄露，必须当机立断……经过紧张商议，他们决定将起义时间由原定的8月1日凌晨4点提前到凌晨2点。

嘀嗒、嘀嗒、嘀嗒……距离起义打响的时间越来越近了！万事俱备，只欠东风。全体起义将士严阵以待，焦急地等待着时针指向那历史性的时刻——8月1日凌晨2点！

二　石破天惊第一枪

"河山统一"

"山河破碎风飘絮，身世浮沉雨打萍。"近代的中国，割地赔款，丧权辱国，国家岌岌可危。"河山统一"，成为无数仁人志士前赴后继的革命理想。

南昌起义战斗马上就要打响，作战命令也已经下达到位。起义的战斗口令必须响亮又好记。经过商议，起义领导人确定，南昌起义的战斗口令为"河山统一"。

八月的南昌城，正值炎炎盛夏。大地像蒸笼，闷热得使人喘不过气来。但这丝毫没有影响起义的将士们，他们挥汗如雨，有条不紊地做着起义前的一切准备工作。

傍晚时分，暑热开始渐渐消退，微风带来了丝丝凉意。声嘶力竭了一整天的蝉儿也逐渐安静了。整装待发的起义战士们颈上都系好了红领带，手臂上扎起了白毛巾，他们把贴有红"十"字的手电筒和马灯放在身边，心中默念着战斗口令——"河山统一"。

此时，起义战士们早就以"打野外""训练"等名义，进入了预定作战地点。他们有的驻扎在敌人营房隔壁，在墙角边佯装躺下；有的已悄悄占领了敌军附近的房屋和街道；还有的战士就地筑起了临时工事，急切等待着"三声枪响"的行动信号。

为什么起义部队要系上红领带，扎上白毛巾，并且设置"河山统一"的口令呢？这要从起义军的来源说起。

参加南昌起义的贺龙、叶挺等人的部队都是来自参加过北伐战争的国民革命军。当时驻守南昌的敌军也是国民革命军，两方所穿的军服是一样的。起义形势紧急，准备时间也不多，起义军不可能临时更换军服。起义的时间又定在凌晨2点举行，夏季的夜，除了苍穹间有点点星光外，漆黑一片。如何保证夜间作战时能够明确辨别敌我，避免伤及友军呢？设置口令和佩戴特别的标识就显得格外重要。

于是，前委经过反复商议后决定：起义军胸前须系上红领带，左臂上扎白毛巾，手电筒和马灯的玻璃罩上贴红"十"字作为标志。选择这样的标识主要有两方面的考虑：第一，红白两色在夜间非常醒目，容易辨别敌我；第二，标识易于携带，便于隐藏，佩戴起来也比较方便。

起义口令的设置则是因为起义领导人想到此次南昌起义发动的目的就是"救国救民"，是为了推翻帝国主义和军阀统治，实现民族的独立和人民的解放。于是，起义军的口令就确定为"河山统一"。

夜深了，南昌城寂静得可怕。时间似乎要静止了。

快到2点啦！战士们紧张的心都要提到嗓子眼了。只见连长轻声召集排长，排长又分头传达班长，班长又转身和每位战士传达了作战注意事项。战士们仔细地整理了衣服，把红领带系紧，白毛巾扎牢，又将子弹上了膛……

团长拜会

"知己知彼，方能百战百胜。"南昌起义战斗能够胜利打响，有赖于起义前的巧妙部署，摸清敌我更是取胜关键。起义前，负责攻打敌七十九团的教导团团长侯镜如就上演了一出"团长拜会"的好戏。

7 月 31 日，领取作战任务的侯镜如竭力压抑着自己激动的心情。为了保守秘密，全团上下只有他一个人知晓起义的作战方案。第二十军的任务是解决驻扎在大校场营房的敌七十九团。七十九团是敌人的主力团，能否顺利攻下该团关系着整个起义计划可否圆满完成。

当天下午，部队开始换防。侯镜如率领的教导团移驻大校场营房，与敌七十九团只有一墙之隔。

一切布置妥当，侯镜如叫上参谋长周邦采："我们去隔壁拜访拜访，如何啊？"

周邦彩心领神会，笑着说道："是要好好上门拜会！"说着，他叫上各总队长，前去"拜会"敌七十九团的朱团长。

朱团长外号"朱胡子"，是朱培德的嫡系军官，四十多岁，胖胖的，蓄着老长的一把络腮胡。他见到侯镜如一行人来拜会，十分热情客气，说道："嘿，你们这么年轻，真是英雄出在少年！"

"我们是晚辈，哪有朱团长这样见多识广。难得有这么个同院驻防的机会，特地来讨教讨教！"侯镜如为了不引起朱胡子的怀疑，故意恭维道。接着，侯镜如便与朱胡子寒暄起来，问起了这个团的情况，并借口熟悉地形、增长见识，请求他带着一行人参观营房里外。

这位朱团长本就昏聩，再加上侯镜如处处恭维，所以他对侯镜如一行毫无戒备之心。

"好，好，好！"朱胡子一边高兴地应着，一边开始给侯镜如他们介绍起整个团的情况，有多少人，装备怎样，有什么重火器，各营驻地是怎么配置的……甚至连每个士兵配多少子弹都说了。

侯镜如一边仔细地听着，一边暗自高兴。

接着，朱胡子还带侯镜如他们到营房内外参观了一圈。营房是一幢很大的青砖瓦房，房子外面还围有一圈矮墙，墙外是一道一人多深的干沟。营房北部外就是侯镜如他们教导团的营房。两个营房的门都是向西边的大校场开着，中间只隔着一道矮墙。教导团只要越过那矮墙，敌人就会成为瓮中之鳖。侯镜如把这一切都默默牢记在心里。

"朱团长，这些地方豁着，会不会跑兵？"在两间营房之间的那面矮墙边，侯镜如发现了几处坍塌，特意试探性地问道。

"不要紧，晚上有警戒。"朱胡子满不在乎地说着。

"看见了没有，这里放了警戒了。"侯镜如一边点头，一边对着周邦采说。

就这样，侯镜如他们在敌七十九团"参观"了大约一个小时，对方都没有察觉任何端倪，一路热情招待。等他们走出敌人营房的时候，一个具体的战斗方案便已在侯镜如心中形成了。

当晚9点左右，侯镜如便召集大队以上的干部，宣布起义命令。一听说要起义，几个总队长才恍然大悟。冷相佑一拍大腿跳起来说："刚才我还嫌参观的时间太长了，早告诉我们要起义，我们看得还要更仔细些哩。"周邦采同志则开玩笑地说："朱胡子向我们报告的情况已经够用了。"

接着，侯镜如开始部署全团的行动。一切准备就绪，只等三声起义号令枪响。侯团长时不时地看看表，离预定的时间越来越近……突然，从市内传来激烈的枪声，侯镜如当机立断，向各总队下达命令：开始攻击！

"砰——嗒嗒嗒！"一时间，枪声、手榴弹的爆炸声和喊杀声在敌人营房门里响成一团，敌人纷纷缴械投降。不久，大校场营房里的枪声逐渐停止，只用了一个多小时，战斗便胜利结束。

这场战斗能以少胜多，速战速决，与侯镜如团长战前深入虎穴、"拜会"敌团长的谋划是密不可分的。侯镜如团长智勇双全，为南昌起义战斗增添了一段趣谈。

朱德施计

在南昌八一起义纪念馆，有一把珍贵的手枪，枪柄上刻有"南昌暴动纪念朱德自用"的字迹。这是一把德国制造的 M1896 式毛瑟警用型手枪，俗称驳壳枪，枪号为 592032。

南昌起义时，朱德佩戴着这把手枪，不仅参与了起义战斗，还留下了一段"巧施妙计，设宴款待敌团长"的佳话。

"夜热依然午热同"，南昌的夏夜酷热难耐。驻守南昌的第五方面军总指挥朱培德等高级军官们都上庐山避暑去了，留守南昌的敌军只剩下少数几个团长。

"擒贼先擒王"，起义时如果能巧妙牵制敌团长，那无疑为起义的顺利打响又增添了一枚砝码。

怎么才能牵制敌团长？朱德心中早有盘算。

1927 年 7 月 31 日晚，按照前委的计划，朱德以"请客吃饭"的名义，设宴款待敌团长。

朱德向驻守南昌的敌团长们发出邀请，请他们前来赴宴。敌第二十三团、二十四团团长，以及两个副团长，在接到朱德邀请后，一看地点是嘉宾楼，立即应承下来准备赴约。

嘉宾楼是当时老南昌非常豪华的餐饮酒店，原址位于现在南昌市的后墙路，是当时商人、政客们设宴聚餐的首选之地。朱德将宴请的地点定在嘉宾楼，足以显示出他对客人的"刮目相看"和满满"诚意"。那几位团长对朱德的邀请自然是却之不恭。

当日傍晚，华灯初上，朱德早已在嘉宾楼等候着"客人们"。这些"客人们"也是给足了面子，早早就到了。因为都是老相识，并不需要过多的寒暄，待"客人们"都落座后，朱德满面笑容，举起酒杯说道："各位兄弟，感谢赏光。玉阶来南昌的这段日子，承蒙各位关照，在此一并表示感谢！"

"您太客气了，您有什么事情尽管吩咐，您与军长之间是兄弟，以后还要请您多关照，在我们军长面前多多美言几句！"二十三团团长卢泽明抢先接话道，其他几位团长也连忙随声附和着。此时，包厢内的气氛十分融洽。

觥筹交错，酒过三巡。待到"客人们"酒足饭饱，时间已经不知不觉地过去了两个多小时。然而，此时距离起义时间还早，为了长时间地牵制住这几个团长和副团长，朱德又提出安排大家饭后娱乐一下。

朱德说道："南昌的夏夜实在是太热了！时间尚早，不如我们再去消遣一下。"朱德随即提议到大士院 32 号打麻将，"客人们"也欣然答应了。

事实上，朱德将打麻将的地点定在大士院是有原因的。大士院在南昌城西，敌团的部队驻地在南昌城东，两者之间相隔较远。一旦发生战斗，这几个敌团长要赶回部队，无疑需要更多时间。朱德这样的周密考虑，拖延了敌人时间，为起义军赢得了战机。

到达大士院 32 号后，朱德一副兴致盎然的样子，亲自安排"客人们"去打麻将。晚上 9 点，他接到起义军指挥部送来的一份口令，上面写着"河山统一"四个字。朱德看后嘱刘刚保存好。为了使敌团长们放松警惕，朱德还亲自陪他们打麻将。敌团长们兴致勃勃，纷纷入局，对身边发生的情况毫无察觉。

正当那些敌团长们打得不亦乐乎之时，只见敌二十四团副官慌慌张张闯进门来报告："指挥部紧急通知，说贺龙部队一个姓赵的副营长前来密报，明晨 4 点共产党要暴动，叫各团立即采取应急措施，严加防范。"

团长们一听，先是一脸错愕，转而大惊失色。只见几个敌团长对着来报消息的副官大发雷霆："怎么不早来报告？"

副官垂头丧气地说："我是跑遍了全城，要不是碰到几个护兵，还找不到这儿。"

朱德见他们起身要走，还试图进行劝阻，他假装难以置信地说："没有那回事。诸位当兵吃粮又不是一两天了，这年头什么谣言没有。"

但是，得到军队有变的消息，这几个敌团长、副团长不敢怠慢，还是急忙赶回了部队。朱德不好阻拦，送走"客人"后，也紧急赶到第二十军指挥部，将起义消息泄露的情况告诉贺龙。

起义时间临近，朱德佩戴好手枪，向第三军军官教育团的学员进行起义前的命令传达和动员，详细部署了军官教育团学员的行动方案和任务。

凌晨 2 点一到，南昌城上空枪声四起。正因为朱德拖住了敌团将领，敌人没有来得及做好防备，城东的敌人很快就被解决了。朱德巧施妙计的故事，也在南昌街头巷尾传为美谈。

血洒贡院

南昌市百花洲畔，夏意正浓。湖中荷花盛开，清风徐来，幽香扑鼻。位于湖畔的叶挺指挥部内，战士们却异常忙碌。

擦洗枪支，补充弹药，整理背包，大家正在紧张而有序地进行着战前准备工作。"首长来啦！"战士们兴奋的声音传来，原来是前委书记周恩来和第二十五师师长叶挺来了，战士们迅速集合成列。

周恩来详细布置了战斗任务：第十一军第二十四师第七十一团负责攻打驻扎在天主堂的敌六军五十七团；第七十二团负责攻打驻扎在贡院、新营房等地的敌军。他再三叮嘱道："今晚行动，要注意分辨敌我，随时听令。"师长叶挺也鼓励战士们道："这是和反革命搏斗，打起来以后，要英勇不怕牺牲。"周恩来和叶挺的鼓舞坚定了战士们必胜的信念，他们迫不及待地等待着起义时刻的来临。

暮色像一张灰色的大网，渐渐深沉。夜幕下的南昌城弥漫着战前的紧张气息。此时，负责攻打贡院的七十二团战士们，已经悄悄地埋伏在贡院后门。贡院，坐落在南昌市内东湖畔，原为清代科举考场，后改为兵营。南昌起义时，驻扎在贡院的守敌为第三军二十三团。

七十二团的战士们一个个在黑暗中摩拳擦掌，焦急而又耐心地等待着起义的行动信号。

凌晨2点，"砰砰砰"三声枪响，划破了南昌城长夜的寂静。战斗正式打响了。

"战士们，冲啊！"在听到三声枪响的起义信号后，七十二团团长孙树成立即率部向贡院发起进攻。霎时间，紧张的号声、猛烈的枪炮声乍起。

弹雨飞溅，爆炸轰响。敌人一边负隅顽抗，一边向贡院毗邻的东湖边逃窜。行至不远，敌军逃兵又遭到对岸水观音亭的机枪火力堵截。起义军预先在此设防，密集的子弹编织成一张巨大的火力网，让敌人龟缩不前。敌军被迫折返，转而向第七十二团团部方向猛扑，妄图冲出包围。此时，七十二团战士全体出击，守卫团部的仅剩下起义军教导队中队长陈守礼和十几名学兵。

陈守礼，北伐战争时期参加了叶挺部第十一军二十四师教导队，南昌起义时担任七十二团教导队中队长。面对敌人的疯狂攻击，陈守礼沉着冷静地指挥学兵迅速隐蔽到门口的石柱旁，进行顽强阻击。为了夺路逃生，敌人攻势愈加凶猛。他们嗷嗷叫着，子弹打得团部大门火光四溅。子弹打在门口墙壁上，碎裂的砂石直迸脸庞。面对这蜂拥而来的敌人和猛烈的火力，守卫在团部门口的学兵心慌了。他们刚入伍不久，战斗经验不足，还没有见过如此残酷的战斗场面，有点儿抵挡不住，不由自主地往后退。

　　关键时刻，陈守礼不顾个人安危，冲到队伍最前面，一边开枪还击敌人，一边振臂高呼："顶住！不准退！我们一定能够打退敌人！"学兵们瞬间被陈守礼身先士卒、不怕牺牲的精神感染，又一齐冲到门前奋力射击。乱成一窝蜂的敌人，有的慌不择路，有的仍在顽抗。

　　"队长，小心！"话音未落，"砰"的一声枪响，子弹射中了陈守礼。他下意识地捂住腹部，身子慢慢歪倒下去。他强忍着剧痛，试着站起来继续战斗，无奈力竭倒地。在生命垂危之际，陈守礼仍不忘战斗，拼力呼喊："不许退！不许退！"

　　"为队长报仇！"学兵们悲愤地向敌人发起猛攻。很快，贡院内响起了阵阵号声。原来，在起义军的猛烈攻击下，敌人吹起了投降的敬礼号。起义军终于夺取了贡院战斗的胜利。

　　伴随着敌人投降的号角声，天边渐渐露出了鱼肚白似的光亮。黎明的微光映照在陈守礼的脸上，他带着满意的微笑，永远地离开了战友们。陈守礼，成为南昌起义中牺牲的第一位留下姓名的烈士。

最激烈的一场战斗

　　黎明的南昌在激战中怒吼着，起义持续了四个多小时。在整个战斗中，最激烈的是攻打敌军总指挥部。

　　与敌军总指挥部隔街相望的就是贺龙指挥部。贺龙指挥部借用宏道中学，这是一所基督教圣公会办的学校。当时正值学校放假，校长刘平庚便把自己的卧室腾出来给贺龙居住。

1927 年 8 月 1 日凌晨，白日的喧嚣已然褪去，城市四周寂静无声。此时，贺龙指挥部内却弥漫着一股紧张的气氛，起义军上下都已经收到了起义命令和战斗任务。这其中，有很多战士都是参加过北伐战争的，军事素养和觉悟都比较高。得知要举行武装起义的消息，大家都不敢怠慢，有的在扎白毛巾，有的在马灯上贴红"十"字标识，有的在打背包、装填武器弹药，个个精神抖擞，只待起义信号响起。

他们的主要任务是攻打第五方面军总指挥部，这是朱培德部当时驻南昌的最高军事指挥所。这里原是清朝的藩台衙门，是分管财政税收的省级单位。这里面，有敌人的一个警备团，都是朱培德从云南带来的精锐部队，训练有素、装备精良。

为了更好地监视敌指挥部的一举一动，贺龙还吩咐部队把宏道中学附近的中华旅社和旋宫饭馆包租下来，并命令第二十军第一师官兵提前入驻。

7 月 31 日晚 9 点以后，由于叛徒告密，起义时间紧急提前到凌晨 2 点。为了防止敌人得知消息后夺路而逃，贺龙部立即开始调整部署。战士们乘着夜色，悄悄提前向敌总指挥部靠近。正准备封住大门时，却迎面遇上了防守布控的敌警卫团。

狭路相逢勇者胜！"砰！砰！砰！"起义军率先扣动了扳机。起义枪声提前打响了。

由于事发突然，当起义枪声提前打响时，负责主攻敌总指挥部的第二十军第一师尚未进入战斗岗位。

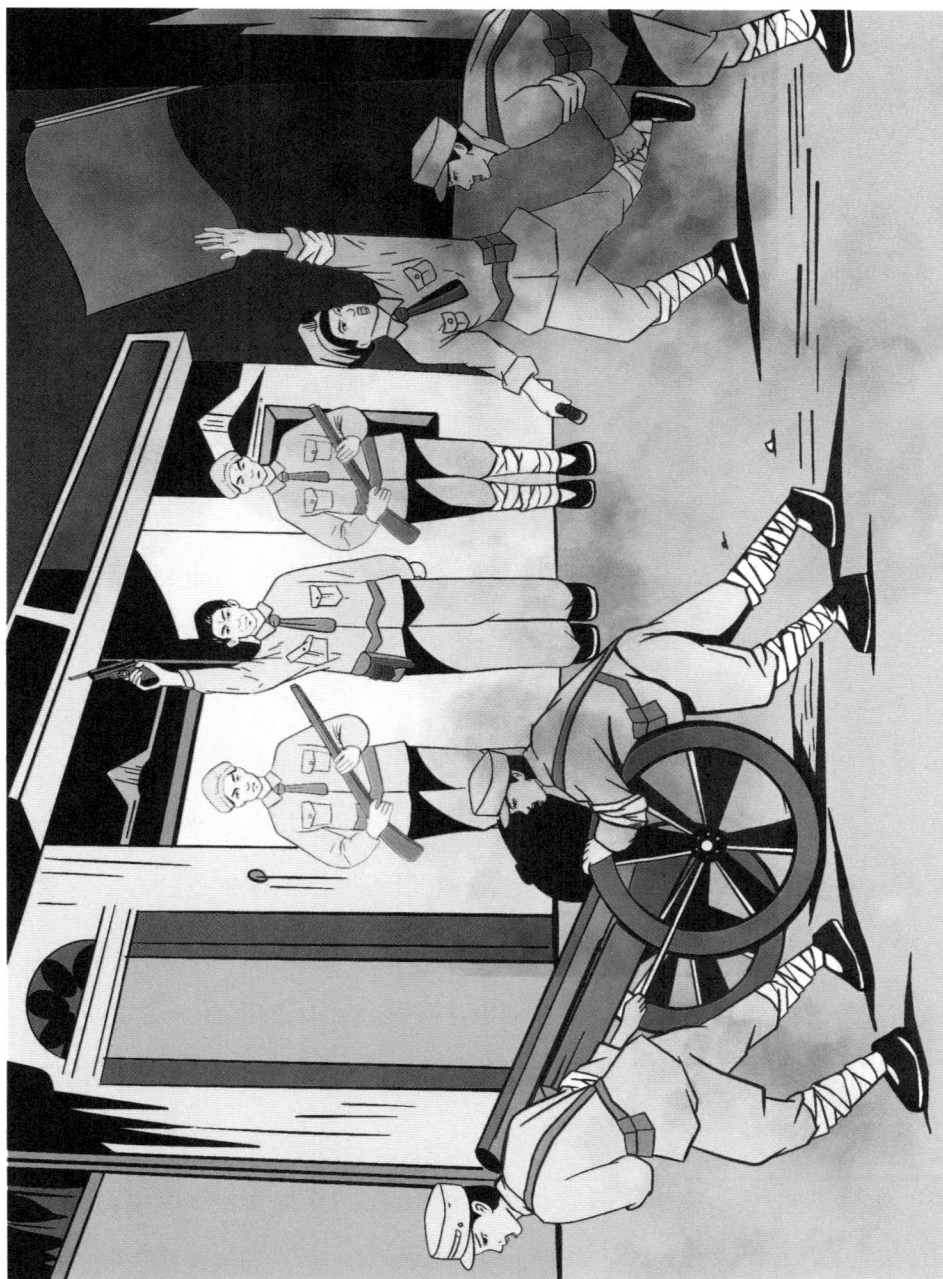

贺龙久经战场，经验丰富。他临危不乱，镇定自若地指挥着战斗。起义军毕竟是参加过北伐战争，经受过锻炼的部队。在这紧急时刻，贺龙立即命令军部特务营率先出击。战士们拿起手枪，揣着手榴弹，向敌人冲去。

敌军见起义军冲上来了，立即用猛烈的火力封锁了鼓楼，这里是起义军的进攻要道。敌人在这里建起了机枪火力点，机枪射出的子弹瞬间织成了一面火网。

一时间，南昌城枪声四起，火光冲天，战火烧红了南昌城的半壁天空。

这时，第二十军第一师第一团、第二团也已经及时赶到了战斗位置。他们一赶到，就向旧藩台衙门的正大门发起强攻。起义军虽英勇顽强，不断向敌人发起一次又一次的进攻，但战况十分胶着，已经持续了两个多小时，敌总指挥部仍然久攻不下。这该怎么办？

贺龙、刘伯承都万分焦急。"不行！必须想办法把鼓楼上这个大钉子拔掉！"一向足智多谋的参谋长刘伯承按捺不住焦急的心情，拿起手枪向指挥部门口走去。

贺龙、周逸群见状，便与刘伯承一起走出了指挥部。这个时候，他们根本来不及完全躲避对面敌人射过来的子弹，就这样直接在指挥部门前的青石台阶上指挥起了战斗。

突然，刘伯承用手轻轻拍了一下贺龙，用手指向鼓楼顶。贺龙定睛一看，立即会意。他当即命令部队改变战术，采取正面压制、两翼迂回的打法。也就是在正面猛攻的同时，集中一部分兵力，架起梯子，占领制高点钟鼓楼及其附近的房屋屋顶，居高临下，向敌营俯射；另一部分起义军则迂回到敌营后院，翻墙入内，前后夹攻，打敌人一个措手不及。

说时迟那时快，只见第一师师长贺锦斋已经借助梯子爬上了鼓楼两侧的房顶，起义军战士们也在当地居民的支援下爬了上去。他们分别从两侧房顶压制敌人的火力。一番激战后，鼓楼终于被夺下。

起义军趁热打铁，爬上了二三十米高的鼓楼，架起机枪向敌军猛烈射击。敌军落荒而逃，纷纷躲进了旧藩台衙门院内，又在端表楼上架设起重机枪，借助旧藩台衙门的围墙继续负隅顽抗。

"冲啊！"伴着一声巨吼，起义军从四面八方发起了冲锋。

根据调整的战术，起义军一边从正面发起冲锋，一边从西面棕帽巷迂回到敌军指挥部侧翼，出其不意翻墙跳进院内，与敌军展开短兵相接。

最终，经过三个多小时的激烈战斗，起义军占领了敌总指挥部，大部分敌军都缴械投降了。那个混在俘虏中的叛徒赵福生，也被抓出来，受到了应有的惩罚。这场惊心动魄的战斗，以起义军的胜利告一段落。

东方破晓，一轮朝阳将冉冉升起。这一夜枪声，为古老的南昌城带来一个崭新的黎明。

欢呼胜利

"胜利啦！起义胜利啦！"经过4个多小时的激战，起义军占领了南昌城，南昌起义取得胜利。起义取得了歼敌3000余人，缴获枪支5000余支、子弹70余万发、大炮数门的辉煌战果。

胜利的消息很快传遍全城。南昌人民欢欣鼓舞，纷纷走上街头，欢庆起义的胜利。农民和赤卫队高举旗帜，工人们臂缠红袖章，打着欢庆胜利的横幅标语；学生们唱着歌，散发着宣布胜利的传单。起义军战士全副武装、队列整齐地行走在街上。人们纷纷涌向贡院附近的公众体育场，一场欢庆盛会即将举行。

这天的南昌，烈日当空，万里无云。公众体育场上旌旗招展，欢声震天，充满革命成功的喜悦气氛。体育场上搭起了一个主席台，主席台上方悬挂"中国国民党革命委员会就职典礼"横匾，两侧张贴着军民联欢大会的会标。

为了团结国民党左派人士，反对武汉、南京国民政府，建立以共产党人为主，联合国民党左派人士参加的政权机构，8月2日上午，南昌起义胜利后成立的新政权机构——中国国民党革命委员会举行就职典礼。随着奏乐声响，就职典礼正式开始。李立三担任就职典礼的司仪，谭平山致答谢词。各代表公推韩麟符授印并报告革命委员会设立的意义。革命委员会成员高举右手，宣誓为全国大多数民众利益奋斗到底！

就职典礼结束后，为庆祝南昌起义的胜利，南昌军民联欢大会紧锣密鼓地接着召开。到场的社会各界民众团体不下 400 个，群众 5 万人以上。

贺龙、叶挺、肖炳章、罗石冰、姜济寰等 11 人组成的大会主席团各界代表成员依次上主席台就座。台下的社会各界团体和 5 万群众秩序井然，群情激昂。

军民联欢大会在激昂的奏乐声中开始。全体肃立，向党旗、国旗、孙中山总理遗像三鞠躬，主持人恭读了总理遗嘱，所有人也都默默地跟着念起来："余致力国民革命凡四十年，其目的在求中国之自由平等。积四十年之经验，深知欲达到此目的，必须唤起民众及联合世界上以平等待我之民族共同奋斗……"

联欢大会由主席团主席贺龙致开会辞。

"各位代表、各位民众……我们今天在这里庆祝南昌起义取得胜利，南昌起义最终目的就是救国救民，进行土地革命。……"贺龙铿锵有力的话语，让民众精神奋发。他的讲话不时被雷鸣般的掌声打断。

全体民众一遍又一遍地高呼着"打倒反动军队""实现三民主义""完成国民革命""拥护民众利益"。

联欢大会上，革命委员会委员暨各省、区、海外党部代表都依次发表了演说。他们分别阐释了本次起义的意义，号召民众一起为实现真正的革命胜利而奋斗。联欢大会还通过了大会提案，所有民众高呼口号后散会。

炎炎烈日下，联欢大会连续开了几个小时，在场民众无一不汗流浃背，但又无一不精神抖擞，无一不为起义胜利欢呼。南昌民众的革命热情高涨，"军爱民、民拥军"的优良传统从军旗升起的那一刻便开始了赓续传承。

一万银圆的深情

1927 年 8 月 3 日，南昌起义后的第三天，江西省党部收到了一万银圆的捐款。一万银圆在当时可是一笔不菲的巨款，正是南昌起义后部队急需的。是谁慷慨捐赠的呢？

古语有云："兵马未动，粮草先行。"

震惊中外的南昌起义打响后，按照计划，起义部队打算南下广东。这需要筹措一大笔经费。起义军虽然从武汉带来了一些经费，但多是纸币，贬值严重，兑换困难。正在一筹莫展之际，这一万银圆的捐款对起义军来说无疑是雪中送炭。

原来，这是江西民众慰劳前敌革命将士委员会的爱心款项！江西省委在起义前成立了一个左派群众组织，前来捐款的负责人是朱大贞。就在数月前，朱大贞还曾满腔热情地代表江西民众前往武汉慰问北伐军。

国民党反动派相继背叛革命，国民革命失败，这些一度让朱大贞对革命事业失望透顶。但是，南昌起义的胜利又一次激发了他对革命事业的热情。起义当天，他便立即发动南昌民众为起义军捐款捐物，并将募集到的一万银圆送到国民党江西省党部。

当时，接收这笔巨款的罗石冰、黄道是国民党江西省党部负责人。罗石冰是国民党江西省执行委员会常委，黄道是国民党江西省执行委员兼宣传部长。二人均为共产党员。突然收到老百姓辛苦筹集来的大额捐款，他们心中激动万分，握住朱大贞的双手连声道谢。

黄道和罗石冰收到捐款后，立刻写下收条："今收到贵会慰劳革命将士捐款壹万元正（整）专致江西民众慰劳前敌革命将士委员会。"之后，他们赶紧将这笔钱分别送到叶挺第十一军和贺龙第二十军政治部主任手中。

第二天，也就是 8 月 4 日，罗石冰又写了一封回信交给朱大贞。回信写道："迳启者昨日收存贵会转来之慰劳捐款已由本会黄道、罗石冰两常委分别送交第十一军与第二十军两政治（部）主任领收代为分发矣……"落款为"江西省党部　八月四日"。回信内容不多，主要就是告诉朱大贞捐款的去向。

收条和回信都是用的红色竖行"八行笺"，信笺顶部是写有表达孙中山先生革命意志的"总理遗嘱"，在"总理遗嘱"下面印着"中国国民党江西省党部公用笺"几个大字，信笺两侧分别印着"革命尚未成功，同志仍须努力""严密党的组织，提高党的威权"。信笺的正文从右到左书写，还加盖着"中国国民党江西省执行委员会印"。

收条和回信看似简单，意义却非同凡响。这说明人民军队从诞生之初，就受到了人民的热烈拥护，也说明了人民军队从一开始就非常注意财经纪律。毕竟，一支有纪律的部队才能无往而不胜。时任财政委员会主席的林伯渠听说群众有一笔捐款要送给起义军，特别叮嘱说："这是群众对起义军的深情，等将来革命胜利了，加倍奉还。对于人民在困难时刻支援我们的情谊，我们永远也不要忘记。"

这一万银圆的"收条"和"回信"朱大贞一直保管着，直到1958年南昌八一起义纪念馆筹建时，他才依依不舍地将珍藏了三十多年的"收条"和"回信"原件捐赠给纪念馆。

如今，这"收条"和"回信"都成了南昌八一起义纪念馆的"镇馆之宝"，是国家一级文物。它们吸引着无数游客驻足观看，好像在向世人诉说着那一段民拥军、军爱民的佳话。

三　英勇南征谱壮歌

南下先遣队

当革命歌声还在南昌城上空飘扬，老百姓正沉浸在起义胜利的喜悦中时，危机已从四面八方悄然袭来。南昌起义的胜利犹如划破黑夜的闪电，震惊了国民党反动派，令他们惶恐不已。他们开始纠集反动武装，准备向南昌"进剿"，欲置起义军于死地。

一时间，黑云压城，闷热的南昌城充斥着紧张的气氛。

起义胜利后，下一步该向何处而去？南下广东是中共中央的原定计划。广东既是革命的策源地，群众基础好，又有优越的地理条件，如果占领汕头出海口，还能取得共产国际的援助。

江西大旅社，灯光彻夜通明。会议室内，周恩来、贺龙、叶挺、刘伯承等军事参谋团成员正在激烈地讨论着起义军的行军路线。日夜连轴转的周恩来满脸疲惫，但他仍语气坚定地说道："中央的决定是到广东去，重建广东革命根据地。大家畅所欲言，看看走哪条路线。"

叶挺指着桌上的地图，向大家分析道："如果我们沿着赣江而下，可以走吉安、樟树、赣州一线，然后沿粤汉路直抵广州。这条路是大路，交通相对便利。"他停顿一下，眉头一沉道："但这条路，国民党朱培德部、李济深部能调集的兵力将达 4 万，后面还有张发奎部 1 万多。如果敌军来个前后夹击，我们起义军才 2 万多人，胜算把握不大。"

这时，贺龙的苏联顾问库马宁，拿起笔在地图上轻轻一画，说道："那我们走小路，由赣东经临川、会昌，由寻乌入粤，这样可以直取东江地区。虽然部队给养会有些困难，但这样走直线距离最短。"周恩来点点头，说道："我赞成，东江地区我很熟悉，那里农民运动搞得火，群众基础好。"

军事参谋团团长刘伯承也赞成道："这条路上仅有国民党杨如轩、赖世璜部不满 3000 敌军，容易应付。这条路线可避实就虚，免经大战就可以平安抵达广东。"

贺龙彻夜未眠，满眼血丝。他坚持认真听了大家的意见后，赞同道："同意，走小路。"

周恩来一锤定音："好，那就走小路。朱德同志曾在抚州临川剿匪，对情况熟悉，南下先遣司令一职非他莫属。"

恽代英笑道："朱德同志不愧是'老将黄忠'，我随先遣队一道出发。"

彭湃也站起来说道："我也随先遣队出发，为大家探路。"

接到前委指示后，朱德立即紧张而忙碌地准备着南下各项事宜。他一面组建第九军指挥机构，一面整编参加起义的军官教育团和学员，吸收部分铁路工人和青年学生，组建第九军。

南下前夕，朱德又派人给他在云南讲武堂时的老同学杨如轩送去一封信。杨如轩，时任第二十七师师长，此时正驻扎在抚州临川。这里是起义军南下的必经之地，如果能劝杨如轩弃暗投明，将为起义军南下广东铺平道路。杨如轩接到信后，左右权衡，顾虑重重。他对送信人说："请转告玉阶兄，希望他多保重，我自有主见。"

8月3日，朱德被任命为南下先遣司令，率领第九军作为先遣队离开南昌向广东进发，随先遣队一起行动的有彭湃、恽代英，还有负责筹集粮草的粮秣管理委员会。

时值酷暑，骄阳似火。南下先遣队任务十分繁重，不仅需要沿途做政治宣传工作，还要为后续部队筹备粮草、安排宿营，扫清路上的重重障碍。山路崎岖，人烟寥寥。朱德派人向偶见的老百姓一打听，原来是国民党反动派先前派人来做欺骗宣传，威胁老百姓，导致沿途百姓纷纷躲避进了山里。

面对这种情况，朱德派出宣传队大力开展宣传工作，向老百姓耐心地解释："南昌起义军是仁义之师，不拿群众一针一线。请大家不要害怕。"经过深入宣传，外出躲避的老百姓陆续回到家中。

由于天气酷热，部队行军困难，士气受到影响。在共产党人中素有"甘地"之称的恽代英，以实际行动鼓舞和感染着战士们。他光着头、赤着脚，身穿一套粗布军衣，脸部被酷烈的太阳晒脱了皮。虽然看起来又黑又瘦，但他身先士卒，把马让给体弱、生病的战士，与大家同甘共苦。

起义军南下后，驻临川的杨如轩慑于革命声威，又考虑到与朱德多年的同窗之情，最终悄悄地把部队撤出城外，给起义军让出一条南下的大路。

8月6日，朱德率南下先遣队顺利到达临川。全城各界的老百姓夹道欢迎，为起义军准备了茶水和休息凉棚，供战士们解渴休憩。朱德率部队筹集粮草，联系安排驻地，迎接起义大部队的到来。

临川整顿

8月4日至5日清晨，天刚蒙蒙亮。浩浩荡荡的起义军陆续踏上了南下的征途。

从南昌到抚州，虽只有100余公里，可战士们每人背着300余发子弹，肩扛机关枪，拉着大炮，走在坎坷的山路上，越走越艰难。这盛夏的天气也如小孩的脸，说变就变。刚刚还是炎炎烈日，一转眼又大雨倾盆。战士们一阵浑身汗水，一阵又满身泥汤，渐渐没有了出城时的兴奋。

更糟糕的是，沿途的村庄人烟稀少，筹粮困难。战士们饥肠辘辘，渴了也只能喝田沟里的水。一时间，队伍里疾病横行。拉肚子、中暑、疟疾……很多新兵战士半路开小差逃走，兵力一下子损失了三分之一。一路上，到处都是遗弃的子弹，迫击炮、火炮都差不多丢光了。

8月8日，起义部队陆续到达临川。由于沿途减员严重，部队士气不高，思想混乱，前委决定在临川休整几天。

抚州天主教堂是一座哥特式建筑。起义军到达抚州后，将驻地设在这里。此时，激烈的讨论声从教堂里传来。前委、革命委员会及军中领导人正在召开会议。

周逸群率先说道："第二十军一位司务长，跑到老百姓家中抓了一只鸡吃，引得群众十分反感。"

贺龙一听，拍桌子怒道："这还了得！传我命令，以后无论是谁乱闯入老百姓家里，就地枪决。"

叶挺紧跟着强调："全军要引以为戒，加强群众纪律教育，不能乱拿老百姓东西。"

周恩来补充道："共产党员要派到各部队中去，加强党的领导。这次部队减员太严重，还要及时补充兵力。"

南下先遣队司令朱德接过话说："几个月前，我来临川剿过匪，对临川的情况比较熟悉。这里党团员活动比较扎实，工农基础较好。这次在临川，可以好好发动群众，吸收一些党团员和学生加入队伍。"

贺龙赞同道："这个主意好。我第二十军下面的第三师还是个空架子！逸群同志，你争取把第三师组建起来。"

此时，财政经济委员会主席林伯渠也开口说道："燃眉之急，首先是要解决部队供给问题。钱袋子、粮袋子都空了。"

政治保卫处处长李立三说道："我们可以打倒土豪劣绅，征发地主粮食。"

恽代英说："这是好办法，就得采取革命的新办法筹粮筹款。"经过讨论，革命委员会决定采取新的财政政策。

会后，大家分头去布置各项工作。

抚州城内美以美会教堂，人声鼎沸，热闹非凡。中共临川特别支部正在教堂内召开全县党团活动分子会。

支部书记刘景宽上台大声说道："各位党员同志、共青团员，大家静一静，听我讲几句！"

场内顿时安静下来。

"大家知道，南昌起义军到我们临川来啦。周恩来书记号召大家积极参军！这可是千载难逢的好机会。"

场下群众一听，群情激昂。

"我要报名参军！"

"我也报名！"

"算我一个！"

……

一时间，大家纷纷登记报名。中共临川特支领导成员和大部分党员都决定随军南征，只留下少数尚未暴露身份的共产党员留下坚持地下斗争。

这时，抚州的一群青年学生闻讯赶来。

"我是李井泉，我要报名参军。"

"我也要……"

看着热情如此高涨的学生们，刘景宽书记高兴地说道："好好好，都登记上！"

就这样，第二十军第三师在临川正式组建起来了，周逸群担任第三师师长，徐特立任党代表，下设第六团和教导团。傅维钰任第六团团长，侯镜如任教导团团长。

起义部队第二天就要出发了。朱德正在忙碌地准备着，突然听到有人大喊："团长——朱团长！"

朱德定睛一看，原来是南昌第三军军官教育团学员赵镕带着一群人来了。"你怎么来了？"朱德高兴地问道。

赵镕说道："报告团长，我们自从 6 月份毕业分配后，分别到南浔铁路、赣江流域、抚州地区和鄱阳湖周边开展革命工作。听到南昌起义发动的消息，别提多振奋人心！"

赵镕歇口气，继续说道："当我们得知起义军南下的消息后，就立即赶过来。团长，我们要重新归队！"

朱德笑道："太好了，欢迎大家归队！"

朱德率领的第九军在抚州恢复了教育团的建制，把教育团原来的第三营改为第一营，并抽调一部分人员到其他两个营去做骨干。参加南昌起义的公安人员、消防队员编为第二营，新加入的抚州工农子弟都编入第三营。

此时，很多接到党中央通知前来参加南昌起义的人员，也在临川赶上了队伍。陈毅、杨庆兰、王鸣皋等人，冲破重重阻拦，日夜兼程，终于赶上了部队。抚州城到处洋溢着欢声笑语。

8月10日，起义军离开临川，再次踏上了南下征程。战士们和群众依依道别。很多群众义务加入运输队，为部队运送军用物资。经过临川的短暂休整，部队士气高涨，军歌嘹亮。看到整齐划一、军纪严明的队伍，起义军总政治部主任郭沫若诗兴大发，赋诗一首：

夜雨落临川，军书汗马还。

一声传令笛，铁甲满关山。

舍生护军旗

"踏遍青山人未老，风景这边独好"，1934年毛泽东在会昌写下了《清平乐·会昌》。会昌山因这首词闻名天下。

会昌山，俗称岚山岭，为会昌城外西北隅最高峰。会昌山海拔400米，平地拔起，巍然耸立，见证了革命的烽火。南昌起义军在这里与国民党军钱大钧部展开了一场殊死的血战。

1927年8月30日，这场持续10个小时的鏖战在会昌山拉开序幕。朱德、叶挺、聂荣臻、陈赓等都参加了这场战斗。8月30日凌晨，朱德与第二十军第三师师长周逸群、党代表徐特立率左纵队向会昌城东北的大柏山率先发起攻击。朱德说："这一仗很要紧，打不赢就没办法往前走了……"说罢，他带着两个团的指导员走到了前沿阵地。

山脚下，敌军乌泱泱的，正在集合。朱德一看，这正是进攻的绝好时机。他一声令下，会昌激战就此拉开序幕。

刹那间，火光冲天，硝烟弥漫，震天动地的爆炸声不断，厮杀声不绝于耳。第三师各团与敌军激烈地交火。战斗一打响，朱德就敏锐地察觉到本该担任主攻的第十一军第二十四师、第二十五师那边没有动静。于是，参谋团本部赶紧派人查看，发现第十一军两个师都还没有到达预定作战位置。

第十一军军长叶挺，此时也是焦急万分。

他问道："参谋长，第十一军两个师在什么位置？为什么还没有进入战斗？"参谋长接连派出参谋去打探第十一军两个师的下落。原来，第二十四师因为行军地图上标注的距离和实际距离相差太远，足足多走了好几个小时。而第二十五师，因为凌晨雾太浓，走错了路，耽误了时间。

第三师进攻非常猛烈，钱大钧部以为第三师就是起义军主力，立即调集所有部队，攻打第三师所在方向。

战场形势很快被逆转，第三师从猛烈的进攻变成了防御。朱德果断地命令部队守住已经占领的高地。第三师本是在临川新组建的一支部队，除了党派来的骨干外，绝大部分是新兵，没有经受过战斗锻炼。但在周逸群师长的带领下，新兵战士们毫不胆怯，英勇地与敌人展开殊死搏斗。

激烈的枪炮声在漫天的硝烟中响彻山谷。敌人密集的弹雨无情地向阵地飞泻而来。"轰!"一发炮弹落在军旗旁炸开,军旗被掀倒在地,少尉旗官吴国扬不幸中弹牺牲。这位共产党员倒在了血泊之中,军旗也随之将要倒下。

说时迟那时快,师部副官何振邦,见状赶紧接过军旗。他原是朱德第三军军官教育团学员。只见他像猴子一样敏捷地爬到一棵松树上,将旗杆高高竖起,并不断地挥动着。

军旗是战士们前进的方向,同时也最容易吸引敌人密集的火力。敌人发现第三师的军旗又挥动起来,再次疯狂地集中火力向军旗的方向射击。何振邦不幸中弹,又一位英勇不屈的战士为了护卫军旗倒在军旗旁。

"我们的军旗不能倒,万万不能倒!"特务连指导员王刚,这位毕业于黄埔军校的中共党员大声喊道。他一个箭步猛冲上去,一手紧紧地高擎起军旗。突然,王刚猛地扑倒在地,他也中弹了!但是,那面被敌人的机枪、步枪打了无数个窟窿的军旗却依然在树梢飘扬。为什么王刚倒下了,军旗却没有倒呢?原来机智勇敢的王刚用绑腿带把军旗牢牢地绑在了一棵青松上……眼看着为护卫这面军旗,接连牺牲了三位战友,坚守阵地的战士们不禁挥泪如雨,对着敌人进行了更加猛烈的射击。

战斗持续了几个小时后,第三师伤亡严重,教导团团长侯镜如

受了重伤，第六团代理团长陈赓身负重伤……望着这面巍然不倒的军旗，全体将士们强忍悲痛，顽强地坚持战斗。

当天下午1点左右，第十一军二十四师、二十五师终于赶到并迅速投入战斗。第十一军不愧是有着"铁军"称号的部队，打起仗来气势如虹。他们投入战斗几小时后，敌人渐渐不支，开始向会昌城方向溃逃。此时，冲锋号吹响，各团、营、连的冲锋声响彻了整个山岗，敌人四处逃散，这场战斗最终在起义军大获全胜中结束了。

在弥漫的硝烟中，鲜红的军旗始终高高飘扬。这面用鲜血和生命护卫的军旗，极大地激励了前线的战士们。正是在高扬的军旗指引下，战士们如猛虎般扑向敌军，将胜利的旗帜插进了敌人阵地。战斗结束后，第三师扛着这面沾满烈士鲜血的军旗，送到师长周逸群面前，详细报告了护旗的经过。战士们怀着崇敬和悲痛的心情，为舍生护旗的三位战友默哀。

军旗猎猎永向前。八一军旗永远屹立不倒，护卫军旗的精神一直在传承，始终激励着人民军队向前进！

"革命者来"

长汀，古称汀州，是闽、粤、赣三省的边陲要冲。这座古城，汉代置县，唐开元年间设置汀州，为唐代福建著名的五大州之一。自唐至清一千多年的历史长河中，这里一直是官府治所地，是闽西的政治、经济、文化中心。

1927 年 9 月 5 日，这座繁盛的古城迎来了新鲜的革命气息。南昌起义将士陆续抵达长汀。

南昌起义部队不是要南下广东吗？怎么辗转到福建来了？

原来，会昌战斗后，起义军虽然已连续三战三捷，但这支新生的人民军队，战斗经验还不足。正所谓"杀敌一千，自损八百"，部队伤亡很大，伤员达一千余人。第二十军第三师政治部主任徐特立患急性肠胃病，上吐又下泻，昏迷不醒。第六团第一营营长陈赓左腿两处中弹，迫切需要休养治疗。

长途行军后，战士们已疲惫不堪。长汀、上杭自古以来都是富饶之地，部队给养可以得到及时补充，改善士兵生活。

此外，由于叛徒告密，原定的南下行军路线已经暴露，起义军决定改道福建长汀，水陆并行，南下广东东江地区。

起义军来到长汀时，这座古城一片热闹的景象。当时正值金秋时节，满街都是耀眼的阳光。街上人群一簇一簇地拥挤着，巷口墙角，宣传队的女兵正在热情地演讲，引得观众齐声喝彩。

漫步在古城街道，道路两侧的墙壁上、店铺墙上贴满了各式各样的宣传单。在临街一栋老房子的门楣上，一条标语格外引人注目——"革命者来"。

不少群众围在旁边，津津有味地念着。年轻的宣传员向群众解释道："我们是真正的革命者，不为升官发财，为的是老百姓过上好日子！打倒国民党反动派！打倒欺压老百姓的土豪劣绅！"

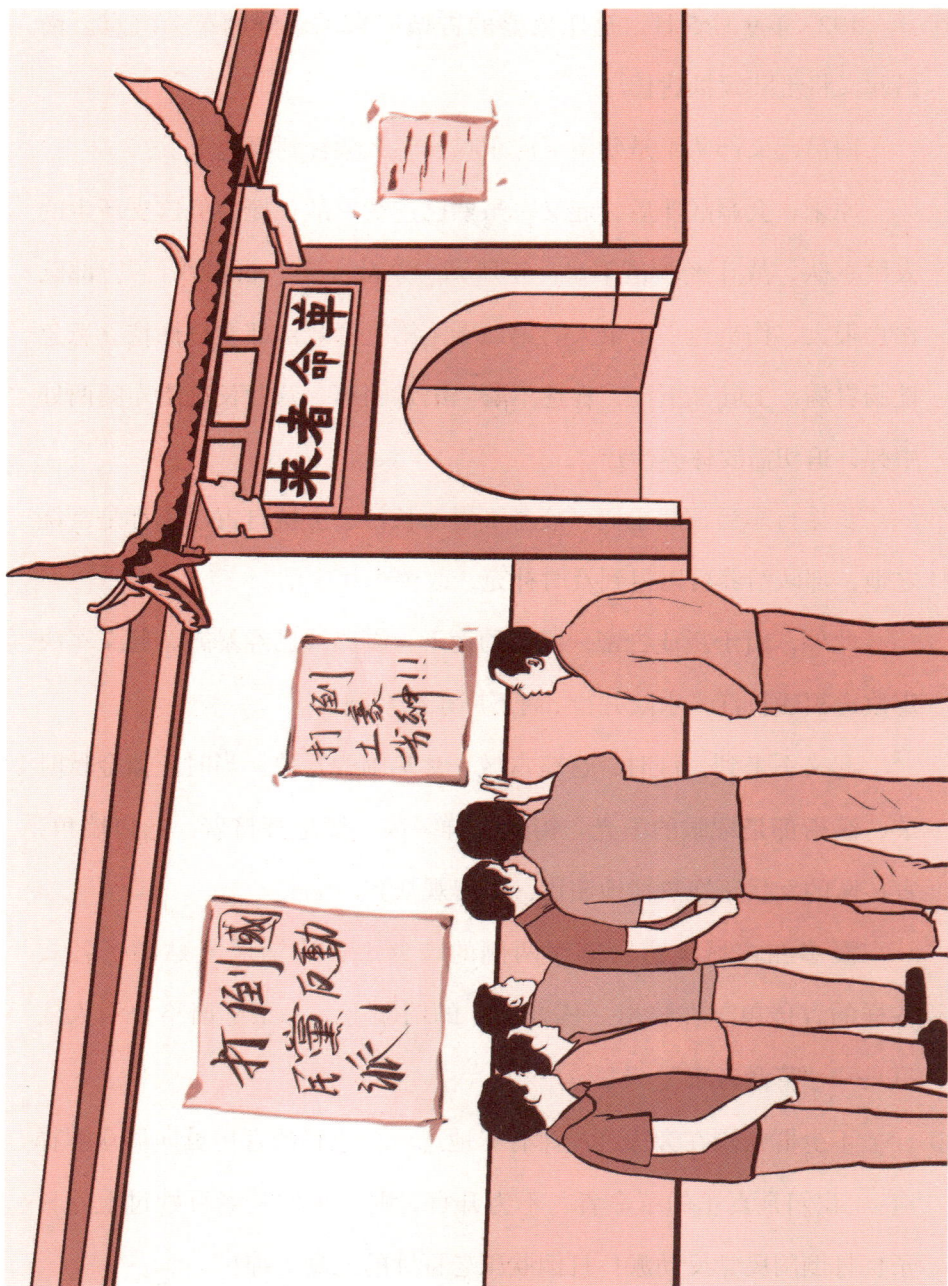

年轻学生们跟着高呼："革命者来！""打倒国民党反动派！""打倒土豪劣绅！"

"革命者来"，简简单单的几个字，迅速传遍了长汀的大街小巷，很多群众争相加入了起义队伍！

长汀卧龙山下，福音医院的医生和护士们正在紧张而有序地忙碌着。这所医院住满了伤员。由于天气炎热，很多伤员伤口都化脓了，需要立即进行手术，可是这里能够做手术的外科医生只有三个人。

院长傅连暲已经在手术台连续站了几天，刚下手术台，正往嘴里扒饭。

"院长，快过来看看！"一位护士大喊着，着急忙慌地跑过来。

"怎么回事？"傅连暲连忙把碗筷放下，跟着护士来到病房。

傅连暲一看，一位二十多岁的青年正躺在病床上呻吟。

傅连暲揭开他的被单，心头不禁一颤。这条伤腿简直让人不忍直视，肿得比碗口还粗，红得发亮，皮肤薄得像纸一样。由于失血过多，青年的脸色蜡黄蜡黄。这位青年正是陈赓。

一位护士小声说道："傅院长，这条腿看来要锯掉了，再不锯掉可能会有生命危险。"

陈赓听到后，急忙阻止道："院长，不能锯！我是革命军人，没有腿我还怎么战斗！"

望着陈赓那年轻的面庞，那无比坚定的眼神，傅连暲被打动了。

"好！我一定尽力。"傅连暲说道。

为了保住陈赓的伤腿，傅连暲决定采取"保守疗法"。他每天为陈赓的伤口消毒，然后用夹板固定。看到他的身体愈发虚弱，傅连暲想尽办法，弄来新鲜牛奶给他喝，增强抵抗力。

在傅院长的精心照料下，陈赓的腿奇迹般地好转起来，病房里不时传出欢声笑语。

陈赓向护士们说道："看，我这腿可是神腿吧！这下又可以上战场啦！"

护士们笑道："下次你可要跑快点，别让子弹追上你的腿！"

"哈哈，子弹看到我都得拐弯。"陈赓边说边比画，逗得整个病房的人哈哈大笑。

出院那天，他紧紧握着傅连暲的手，激动地说："谢谢你，傅院长！"

傅院长看着陈赓意气风发的样子，说道："你这么年轻、勇敢，革命队伍需要你！这是我应该做的！"

陈赓感激道："你是我遇到的最同情革命的好医生。革命也需要你！"

傅院长动情地说道："革命者来！只要革命需要我，我随时都准备着。"

就这样，陈赓和傅连暲结下了深厚的情谊。此后，陈赓驰骋战场，一路成长为开国大将。他一生中负过6次重伤，医治过他的人也数不清了，但最令他念念不忘的还是恩人傅连暲……

傅连暲也就此与革命结下不解之缘。他不顾个人危险，救治过无数革命者。毛泽东、贺子珍等都曾在福音医院治病疗养。1933年，在傅连暲的带领下，福音医院迁往江西瑞金，改名为中央红色医院，成为中央红军第一所正规医院。中华人民共和国成立后，傅连暲成为著名的医疗将军，被授予中将军衔。

惊险传密函

窗外，阳光透过树叶在院子里洒下点点光影，清香扑鼻的桂花香味沁人心脾。

窗内，周恩来正在桌前奋笔疾书。部队在长汀休整后，虽然补充了些给养，但枪支弹药消耗太多的问题一直得不到解决。

怎么办？马上就要向广东进发了。要尽快请中央联系共产国际，将弹药运到汕头出海口，还得派外交、军事人才前来支援。想到部队的重重困难，周恩来下笔的速度更快了。他在信中写道："经过瑞金、会昌两役，我军伤亡近千数，子弹消耗很多，部队给养困难。请求中央立即支援枪支弹药……"

这封信事关起义军存亡，必须尽快安全送到党中央。派谁去送信呢？这个人不仅要意志坚定，而且要灵活机警、有勇有谋。善于识人的周恩来从军中挑出了陈宝荗。

陈宝荗是谁？他能否顺利完成这一重任？

　　陈宝苻，又名陈居玺，是广西平南县人。他是北京大学的高才生，思想进步，在校期间加入了中国共产党。毕业后，陈宝苻被派到黄埔军校工作。时任黄埔军校政治部主任的周恩来非常欣赏他。这次南昌起义，陈宝苻在革命委员会中担任宣传委员。

　　打定主意后，周恩来来到陈宝苻住所，十分郑重而又和蔼地对陈宝苻说："宝苻同志，有一个重要任务要交给你。我写了一封密件，需要送到上海交给党中央。考虑来考虑去，你是最佳人选。"

　　接到这个重任，陈宝苻既激动又紧张。激动的是，自己能得到这份信任。紧张的是，此行一路凶险，不知自己能否安全把信送达。

　　周恩来看出了陈宝苻的担心，他宽慰道："你会讲白话、客家话、普通话，又对上海熟悉。相信你一定能完成这个任务。"

　　"好，保证完成任务。"陈宝苻拍着胸脯说道。

　　周恩来又仔细叮嘱他一些细节。由于密信是用蘸了药水的钢笔所写，他便交代陈宝苻把密信藏在上衣夹层口袋里，并反复交代了接头地点、接头方法。

　　第二天，陈宝苻便化装成商人起程。他随身携带一支使用多年的外国自来水笔，一路坐船来到上杭。

　　谁知出师不利，刚一下船，陈宝苻就被国民党特务拦下。特务们遍身搜查，搜出了他身上的那支自来水笔。特务不怀好意地问："你是干什么的？"

　　陈宝苻沉着地回答道："我是经商的，准备到香港去。我叔父是香港商人。"

可是，特务并不相信："你肯定是共产党，从实招来！"

"笔是用来记事的。"陈宝符不动声色地答道。

特务冷笑了几声，把陈宝符关押起来，对他严刑拷打。

凶狠的特务们用一个米升筒把陈宝符的左掌盖上，在指缝里插上五根筷子，用力一夹，鲜血顿时从米升筒缝里渗了出来。

钻心的疼痛让陈宝符浑身颤抖。

"招不招？"特务边用刑边大声喝问。

陈宝符咬紧牙关，一口咬定："我……就是个……商人。"

气急败坏的特务用客家话骂道："真是个死硬分子。"

陈宝符一听是客家话，便立刻用客家话回道："我确实是商人，那支自来水笔是记账用的。"

特务一听，心里奇怪怎么冷不防冒出个老乡。

第二天早上，两个士兵押着陈宝符走出牢门，虚张声势地说道："拉出去枪毙。"

陈宝符心想：人在信在，人亡信毁。他做好了英勇就义的准备……

可刚走出大门口，两个士兵突然扬起巴掌，"啪啪啪"打在陈宝符脸上，恶狠狠地骂了一通，随后把他放了。

真是绝处逢生。脱险后，陈宝符顾不上累累伤痕，立即搭乘轮船去汕头。到汕头后，他发现敌人听闻南昌起义军将进驻汕头，已乱作一团。陈宝苻在汕头等了一天，才坐上一艘英国太古公司的小轮船前往上海。上船后，风雨交加，波涛汹涌，船只能沿着海岸线缓慢航行，足足六天六夜才到达上海。

陈宝苻心急如焚，他深知这封信的重要性。一到上海，陈宝苻立即赶往接头地点——黄浦江边的报关行。

他谨慎地观察了一下，然后才走进门。陈宝苻对着写字台的人，用暗语问道："××先生在吗？"

那人一听，脸色一沉，张口骂了他一句。

陈宝苻一听，知道事情不妙。他立即转身，快步走出大门。报关行里面的特务听见说话声，追了出来。陈宝苻急中生智，三步并作两步走到一辆黄包车旁边，一侧身闪上了车，叫车夫快跑。

到转弯处，陈宝苻迅速换乘另一辆黄包车，这才安全逃脱。

此时，上海已陷入"白色恐怖"中，共产党地下组织遭到严重破坏。无奈之下，陈宝苻只好在上海住下来，再另想他法。半个月后，陈宝苻恰巧碰到一个同乡，在确定对方是可靠的同志后，陈宝苻对他说："我手里有一封密信要送到党中央，请你帮忙联系。"很快，同乡联系到上海沪南区委书记，两人互讲了暗号后，陈宝苻才放心地把信交给了他，请他帮忙交给党中央。

至此，陈宝苻有惊无险地完成了这项特殊的任务。

"潮汕七日红"

"进城啦，起义军进城啦！"这一激动人心的消息，像春雷似的在潮汕城内炸响开来。

老百姓奔走相告，纷纷涌上街头。大街小巷挤满了欢迎起义军的人群。

潮汕城内的反动派早已闻风而逃。9月23日，起义军兵不血刃，便攻下潮州。24日，进占汕头。这支行军千里、历尽艰辛的部队，终于到达了潮汕地区。

战士们衣着单薄，皮肤晒得黝黑黝黑，但个个精神抖擞。看到热情洋溢的群众，更是有种终于到家的感觉。

汕头市牛屠地，一场轰轰烈烈的群众大会正在举行。会场上旌旗高高飘扬，场内人头攒动。周恩来向台上走来，台下掌声雷动。他可是潮汕人民熟悉又爱戴的老朋友。1925年，周恩来曾率国民革命军第二次东征。1926年，周恩来主政东江，与潮汕人民结下了深厚的情谊。

周恩来示意大家安静，然后用洪亮的声音说道："父老乡亲们，我们回来了！这几个月大家受苦啦！蒋介石、汪精卫背叛革命，屠杀工农，大家咬着牙、忍着泪。现在，我们要拿起武器，行动起来，打倒他们！"

台下群众高呼："打倒蒋介石、汪精卫！""打倒反动派！"

贺龙、叶挺等同志分别发表了慷慨激昂的讲话，鼓舞工农群众的革命激情。这时，人群中一位白发苍苍的大娘，一面高举旗帜，一面高呼口号，向主席台走来。周恩来等人连忙把这位大娘扶上主席台。

"乡亲们，看到这面旗帜了吗？"她眼含泪花颤颤巍巍地说，"这是我用儿子的血衣做成的。可恶的反动派把我儿子杀害了！"

周恩来紧紧握着这位大娘的手，对台下的群众说道："乡亲们，这个仇我们一定要报！我们要建立革命政权，跟他们斗争到底！"

9月25日，周恩来、贺龙、叶挺等领导人进驻汕头大埔会馆。这是一栋潮式的骑楼建筑，有着气派的外观和崭新的装饰，是汕头民权路上的地标性建筑。

此时，大埔会馆三楼会议室，起义领导人正在紧锣密鼓地商量着建立革命政权等重要事项。

时任中共潮梅特委书记、汕头地委书记、中共广东区委秘书长的赖先声匆匆赶到大埔会馆。

"恩来同志，终于盼到你们来了！"赖先声一进屋就紧紧握住周恩来的手。

"我们也盼着你来！正商议建立汕头市革命委员会，委员长一职非你莫属。"周恩来笑着说道。

"感谢大家的信任！我一定不辱使命！"赖先声认真而严肃地说道。

谭平山拿着任命书，对众人宣布：

"下面，由我来宣布革命委员会的各项任命。李立三同志，你担任公安局局长。郭沫若主任，潮海关监督和汕头交涉员二职由你担任，你要尽快拜会潮海关税务司和驻汕各国领事馆，办好外交，避免帝国主义的干涉。刘伯承同志，你为军政学校校长。周逸群为潮汕警备司令，彭湃为东江工农讨逆军总指挥……"

宣布完各项任命后，谭平山激情饱满地说："汕头是预定的临时首都，我们要大展宏图！"

周恩来接着说道："新政权成立后，要尽快恢复社会治安，组织复市复工。"他转头对贺龙说道："以你总指挥的名义发布安民告示，告知老百姓，我们这支部队纪律森严，会保护商民利益不受侵犯。"

周恩来又对恽代英说："甘地，你可是党内著名的宣传家。你负责把《岭东民国日报》改版为《革命日报》，大力宣传我们的政权政纲。"

会后，大家分头行动。在起义军的协助下，汕头市革命委员会迅速接管了旧政权。李立三带着政治保卫处，镇压了一批冒充起义军进行抢劫的匪徒。社会秩序逐步恢复，商铺陆续开张。

"外交官"郭沫若一上任，便开始了紧张忙碌的工作。汕头港虽然小，却是帝国主义力量聚集之地。除了国民党军舰外，多艘帝国主义军舰在汕头港游弋。他联络各国领事馆，告知不要武力干涉起义军的革命行动。他还写信给潮海关税务司，要税务司下拨本月办公经费。

　　宣传队在城内四处宣传，街道两旁贴满了"实行土地革命、耕者有其田"的革命标语。宣传员向群众热情地宣讲。报童在街头叫卖："卖报啦！卖报啦！新鲜出炉的《革命日报》！"城内处处洋溢着革命气息，一股红色风暴席卷潮汕大地。

　　然而，正当起义军准备大展宏图的时候，国民党反动派已纠集了大批部队向起义军合围而来。面对这种局面，周恩来等领导人决定，叶挺、贺龙主力部队直趋广东揭阳地区，主动出击，与敌军决战。

　　成千上万的敌人如潮水般涌来。英勇的起义军，在汤坑、揭阳一带连续苦战几个昼夜，仍未能取得胜利。在敌我兵力悬殊的情况下，起义军被迫撤离，向广东海陆丰地区转移。

　　9月30日，潮汕相继失守，革命活动被迫转入地下秘密进行。

　　"当时烽炬传千里，从此风雷遍九陔。"起义军在潮汕虽然只短暂停留了七天，却建立了红色革命政权，领导人民群众扬眉吐气，点燃了革命的熊熊烈火。这段光荣的历史被称为"潮汕七日红"。

血战三河坝

　　三河坝，位于广东省大埔县境内，一个看似不起眼的小镇，却历来为兵家必争之地。三河坝因梅江、汀江、梅潭河在此交汇，素有"得此控闽赣，失此失潮汕"之说。

　　起义军入粤后，朱德奉命率领第九军和第十一军二十五师留守三河坝，掩护主力部队南下潮汕地区。

进驻三河坝后，朱德和第二十五师师长周士第仔细察看了三河坝地形。江水川流不息，远处群山连绵起伏。面对如此壮阔的景象，朱德却无暇欣赏。

他担忧地对周士第说："周师长你看，我们的驻地数面环水，不易防守啊。"

周士第说道："是，背水而战乃兵家大忌。"

"报告，朱军长、周师长，前方来电！"传令兵拿着电报赶过来。

朱德赶忙接过电报，脸色一沉："国民党钱大钧部纠集了三个师共2万余人的兵力，正往三河坝扑来。"

周士第说道："这个钱大钧，会昌战斗吃了我们的败仗，还想卷土重来。"

朱德说道："不可轻敌，我们要做好应敌的万全之策！"

说着，他指了指三河坝对岸的笔枝尾山、龙虎坑一带，询问周士第的意见："你看，我们把部队转移到山上如何？"

笔枝尾山形如鱼尾，山势险要，松林茂密，群峰叠嶂，可攻可守，大有一山镇三江之势。

周士第笑道："正有此意。我们连夜将部队转移，抢占有利地形。"

朱德果断地下令道："通知部队立即转移，指挥所设在东侧高地田氏宗祠内，立即构筑防御工事。"

10月1日，钱大钧先头部队抵达三河坝。他派出一支精干部队向起义军阵地实行火力侦察。"轰隆隆"——敌人的排炮打了过来。霎时间，枪声大作，弹如飞蝗，硝烟四起。江面被炸得水柱冲天，整个山头顿时笼罩在硝烟之中。

朱德命令部队隐蔽在稠密的竹林中，时而一枪不发，时而打几发冷枪。敌人可谓是丈二和尚摸不着头脑。他们摸不清底细，便不敢轻举妄动。

夜幕降临后，朱德派出一小股部队前去骚扰敌人。"嗵嗵嗵……"起义军在洋铁桶里放鞭炮，声音和枪声几乎一模一样。

河对岸的敌人惊恐万分，他们匆忙爬出军营，疯狂地向漆黑的夜幕胡乱射击。过了一会儿，"枪声"稍停，敌人刚准备睡下，起义军又是一阵"嗵嗵嗵"……就这样循环反复，敌人被折腾得彻夜不宁。

一宿没睡的钱大钧气急败坏，恼羞成怒的他下令："强行渡江！"

10月2日，敌人在强大火力的掩护下发起进攻。

面对敌人兵力和武器弹药的双重优势，想要硬碰硬肯定不行。朱德巧妙地采取"半渡而击"的战术。

江面上风平浪静。战士们埋伏在战壕里，一声不响地注视着江面。

大家屏住呼吸，静静地等待着。五分钟过去了，十分钟过去了……敌人的船只终于渡过了江心！

"打！"朱德一声令下。

顷刻间，起义军所有枪口都喷起火来，子弹像暴雨一样密集地射向敌船。敌人无处可藏，只好纷纷跳入水中。敌人的第一次强渡宣告失败。

深夜，萧瑟的秋风将树林吹得哗哗作响。狡猾的敌人不肯罢休，以夜幕为掩护发起新一轮进攻。起义军坚守阵地，顽强抵抗，一次又一次打沉了运载敌人的船只。但由于敌众我寡，敌人大炮、重机关枪火力太猛，有几股敌人先后渡河成功，占领了山脚一带。

此时，天色渐渐破晓，淡青色的天空镶嵌着几颗残星。江面上升腾起浓浓大雾。

朱德站在指挥所门口，望着弹痕累累的阵地神色凝重。

起义军已连续奋战两昼夜，战斗越打越艰苦，人员伤亡越来越惨重。第二十五师部参谋处处长游步瀛、第七十五团团长孙一中不幸身负重伤，后游步瀛处长壮烈牺牲。

面对敌众我寡、弹药将尽的危急形势，朱德眉头紧锁，思考着起义军的去向。

经过慎重考虑，朱德决定将部队撤离三河坝，保存革命力量。

朱德站在阵地上，镇定自若地向战士们说道："同志们，我们已完成阻击任务，准备撤离三河坝。但是，敌人绝不会轻易让我们离开。因此，我决定留下一部分人断后，让更多人活着出去。谁愿意留下？"

"十一军二十五师七十五团三营营长蔡晴川，申请留下！"

"我留下，我也留下……"

"誓死杀敌！誓死杀敌！……"战士们坚定有力的誓言在山谷中回响。

指挥部决定，由第二十五师第七十五团三营负责断后，掩护部队安全撤离。

为了把更多生的希望留给战友，营长蔡晴川率领三营战士迎来了三河坝最惨烈的一战。他们顶着敌人狂轰滥炸的炮火，拼死抵抗从四面包围而来的敌军。子弹耗尽后，蔡晴川跳出战壕，和敌人展开肉搏战。他从敌人尸体上抓起一支步枪，拼尽全身力气，把刺刀插进敌人的胸膛。

最后，蔡晴川和全营官兵壮烈牺牲，用生命捍卫了"誓死杀敌"的铮铮誓言。据当时报载：江水被血染成红色，江面上漂满了尸体……中华人民共和国成立后，农民整理这块土地时，发掘出几百具战士的遗骸。

1963年，为纪念在三河坝战役中牺牲的烈士，笔枝尾山上建起一座烈士纪念碑。朱德亲笔题写碑名——八一起义军三河坝战役纪念碑。站在纪念碑前，起义军血战三河坝的悲壮场景仿佛近在眼前，战士们"誓死杀敌"的铿锵誓言仍不绝于耳。

"中国也会有个'1917'"

夜，像一幅巨大的幕布笼罩江岸。北斗星镶嵌在黛色的夜幕上，格外明亮。借着夜幕的掩盖，朱德率部撤离三河坝，在山间小道上急速行军。

战士们披着硝烟，顾不上掸去满身征尘，想着"到潮汕去，与主力部队会合"，不由得加快了脚步，很快就到了广东饶平。

前面树林中隐隐约约传来杂乱的人声，战士们迅速隐蔽。原来，是一小支队伍朝这边走过来，士兵们脖子上系着红领带，走在前面的是第二十军第三师教导团参谋长周邦彩。看到确切的身影，战士们又惊又喜，喜的是碰上了自己人，惊的是他们怎么出现在这里。

朱德焦急地问道："主力部队在哪？"

周邦彩沉痛地说道："叶挺、贺龙部队在揭阳、汤坑一带遭遇敌重兵围剿，失败了。潮汕也失守了！"

这一消息犹如一记闷雷，炸碎了战士们的希望。

怎么就失败了呢？

失败的阴霾在队伍中迅速弥散开。有战士小声问道："主力部队都失败了，我们到哪儿去啊？"

有人接话道："前有堵截，后有追兵，我们今后怎么办？"

有战士丧气地说道："是啊，我们成了孤军，一无给养，二无援兵，还不如解散得了。"

大家纷纷看向朱德。

朱德心情也十分沉重，但是他毕竟是戎马倥偬的军人。此时的他，犹如定海神针。

他立即在茂芝的全德学校召开干部会议，坚决反对"解散队伍，各奔前程"的主张。他意志坚定地说道："作为共产党员，我有责任把南昌起义的革命种子保留下来，有信心把这支队伍带出去！"

陈毅接着说道："我拥护朱军长的决定，把革命进行到底！"

王尔琢也坚定地说道："我拥护！革命不成功，绝不剃胡须！"

最后，会议制定了"隐蔽北上、穿山西进、直奔湘南"的路线，为部队指明了前进的方向。

在朱德的带领下，部队开始在闽粤赣边界艰苦地转战。

时近冬天，露色变白。战士们还穿着起义时的单衣单裤。脚上的鞋大都磨破了，有的甚至打着赤脚。随时可能出现的敌军，崎岖难行的山路，日渐减少的食物……疾病、寒冷、饥饿阵阵袭来，考验着每个人的意志。革命的前途到底在哪里？

每天都有因伤病掉队、倒下的战士，也有悄悄离队的战士。眼看着队伍人越走越少，南昌起义留下的这点儿革命火种，随时有熄灭的可能。

朱德、陈毅、王尔琢边走边商议。

陈毅说道："部队现在很困难，一触即散。要想办法扭转这个局面。"

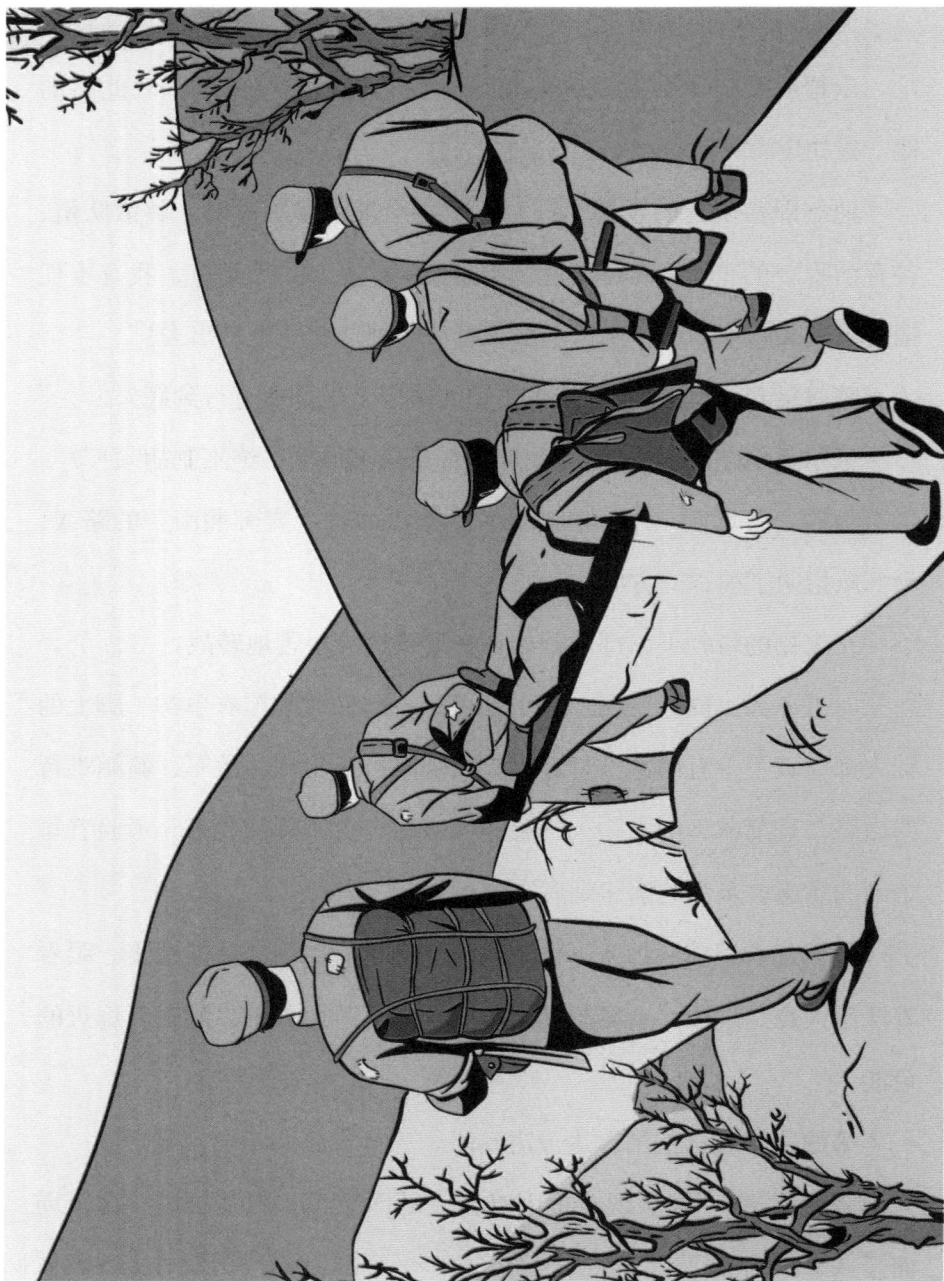

王尔琢手捻着胡须，边走边说："朱军长，召开一次军人大会！"

朱德神态自若，握紧拳头说道："南昌起义的这面旗帜绝不能倒！我们一定能稳住这支队伍。"

很快，部队来到了江西安远天心圩。在河滩上，朱德背着斗笠，脚穿草鞋，命令战士们集合起来。

朱德面庞黝黑，面颊凹陷，两眼却炯炯有神。

他看着战士们，大声说道："战士们，大家知道，革命是失败了，我们的起义军也失败了。但是我们还是要革命的！同志们，要革命的跟我走，不跟的可以回家，不勉强！"

河滩的树林沙沙作响。朱德环顾一周，铿锵有力地接着说道："但是，大家要把革命的前途看清楚。1927年的中国革命，好比1905年的俄国革命。俄国在1905年革命失败后，是黑暗的，但黑暗也是暂时的。中国也会有个'1917'。只要保存实力，革命就有办法。你们应该相信这一点。"

朱德掷地有声的话语，句句敲击在战士们的心上，深深感染着在场的每个人。

陈毅也站了出来，他鼓励道："同志们，只有经过失败考验的英雄，才是真正的英雄。我们要做失败时的英雄。"

随后，朱德对部队进行了一系列的军事、组织和纪律整顿，带领大家开展游击战。朱德深入队伍中，一边行军打仗，一边讲革命道理。他告诉大家，只要有信心，不放弃，就可以慢慢发展自己的队伍……他用自己的一言一行影响和感染着每个人。

经过前后 20 多天的整顿，整个队伍的精神面貌焕然一新。大家虽然衣衫褴褛，面黄肌瘦，但精神抖擞，斗志昂扬。

大浪淘沙方显真金本色，风雨过后更见青松巍峨。从此，南昌起义的火种生生不息，走向井冈山，走向延安，走向北京天安门。1949 年 10 月 1 日，中华人民共和国宣告成立，中国人民终于迎来了属于自己的"1917"。

井冈山会师

"雄伟的井冈山，八一军旗红。"井冈山，享有"天下第一山"的美誉。它位于罗霄山脉中段，山高林密，重峦叠嶂，地势险峻，绵延数百里。

巍巍井冈山与南昌起义部队有什么样的渊源呢？

1927 年 8 月 1 日，南昌起义率先打响武装起义的第一枪。紧接着，9 月 9 日，毛泽东领导发动了湘赣边界秋收起义。10 月下旬，毛泽东率部到达井冈山，开始了创建井冈山革命根据地的艰苦斗争。

1927 年 10 月 12 日，毛泽东一大早就派人去请何长工。何长工原名何坤，湖南华容人。他们两人是多年的老朋友，"长工"这个名字还是毛泽东给他取的。

毛泽东站在门口等候，一看见何长工过来，他马上迎过去："长工呀，我今天找你来，是有一个紧要的任务要交给你。"

何长工忙问道："是什么任务？"

毛泽东郑重地说道："经过讨论，我们决定派你前往长沙等地联系中共湖南省委和湘南特委，汇报我们部队情况。路上，你还要想办法打听南昌起义队伍的消息。"

毛泽东停顿了下，对何长工交代道："路途遥远，你要千万小心。"

何长工深知此行任务艰巨。他暗下决心，一定完成任务，不辜负毛泽东的信任。

几天后，何长工顺利到达长沙，将秋收起义的经过向中共湖南省委做了汇报。省委指示何长工去广东联系南昌起义部队。

12月中旬，经过长途跋涉，何长工终于来到广东。可是，一打听才知道，南昌起义的部队下落不明。

何长工感到十分沮丧。到处是"白色恐怖"，人海茫茫，到哪里去打听？

无奈之下，何长工只好辗转到韶关，准备返回井冈山。此时，他已在外奔波了两个多月，灰头土脸，住进旅馆后，他决定去澡堂好好洗个澡。

澡堂里水汽蒙蒙，何长工刚下池子，就听到几个军官在谈论。

"听说了吗？王楷的部队到犁铺头了。"一个军官说道。

"王楷是谁？没听过这个名字啊。"另一个军官疑惑道。

"听说他原名叫朱德，是我们范军长的老同学。"一个军官回答。

"朱德……"何长工一听到这个名字，兴奋得差点跳起来。

真是踏破铁鞋无觅处，得来全不费工夫。南昌起义保留下的队伍，原来在这里。

何长工顾不得天黑路远，连夜动身赶往犁铺头。

在犁铺头，何长工终于见到了朱德、陈毅等同志。

他激动地说道："终于找到你们了！"他把毛泽东同志上井冈山的消息向朱德报告，朱德高兴地说："好极了！我们跑来跑去，也没有个地方站脚，正要找毛泽东同志。前些天，还派毛泽覃同志前往井冈山去联系部队。"

原来，朱德、陈毅在上堡整训期间，得知有一支革命军队在活动。联系后，发现是井冈山工农革命军第一团第三营，他们这才知道毛泽东率领的秋收起义部队到达井冈山了，于是委派毛泽东的胞弟毛泽覃前往井冈山。

第二天，朱德将一封信和盘缠交给何长工，对他说道："长工同志，希望你赶快回到井冈山，和毛泽东同志联系。我们正在策动湘南起义。"

1928年1月，何长工回到井冈山，向毛泽东汇报了与朱德联络的情况。

随后，朱德发动了湘南起义，革命风暴席卷湘南地区。为了扑灭湘南起义的革命烈火，国民党军阀纠集重兵，进逼湘南。朱德当机立断，作出退出湘南、上井冈山的重要决定。1928年4月中旬，朱德、陈毅率部历经艰难，终于到达井冈山，与毛泽东率领的秋收起义部队胜利会师。随后，部队合编为中国工农革命军第四军（后改称"红军第四军"）。

春之井冈，杜鹃花开，溪水潺潺。翡翠般的密林中弥漫着芳香，树梢头初吐的新芽焕发出勃勃生机。一场盛大的庆祝两军会师的联欢会正在热烈而隆重地召开。

会场中央，战士们整整齐齐、兴奋而又激动地席地而坐。毛泽东、朱德、陈毅、王尔琢等代表登上主席台，顿时台下鸦雀无声。

陈毅上前一步，大声宣布："庆祝大会正式开始！"

一时间军乐响起、鞭炮齐鸣，好不热闹。

陈毅接着说道："今天，中国工农革命军第四军正式成立啦！军长朱德，党代表毛泽东，参谋长王尔琢。下面，有请军长朱德讲话。"

台下响起了雷鸣般的掌声。朱德微笑着讲道："我们两支部队会合了，这是中国革命的新起点。今天大家一定很高兴。可是，敌人一定很难过。怎么办呢？"

朱德笑着问大家，接着一挥手，说道："那就让敌人难过去吧！我们不能照顾他们的情绪。将来，我们还要彻底消灭他们呢！这次胜利会师，我们力量大了，又有井冈山作为根据地，我们今后大有可为。"

朱德的话音刚落，台下又响起了热烈的掌声。

接着，党代表毛泽东讲道："同志们，这次会师意义重大，前途一片光明。我们现在力量虽然弱，但是我们有革命的思想，有群众的支持，不怕打不败敌人。"

毛泽东满怀激情地继续说道："今后，我们要善于斗争，跟敌人玩'捉迷藏'的把戏，把敌人放在我们手心里玩。"最后，毛泽东还代表第四军军委宣布了"三大任务"和"三大纪律六项注意"。

大会在经久不息的掌声中落下帷幕。

"红军荟萃井冈山，主力形成在此间。"从此，"朱毛"红军威震敌胆，开创了井冈山斗争的新局面，点燃了"工农武装割据"的星星之火。

四　八一英豪耀中华

薄薄毛毯送温情

在南昌八一起义纪念馆的展厅里，静静地躺着一条红色的毛毯。毛毯已褪色泛白，上面打满了补丁。这条毛毯是谁的呢？它的主人正是南昌起义的领导人周恩来。

1927 年 7 月 24 日，接到任务的周恩来，准备从武汉动身秘密赶赴南昌领导起义。夜已深了，周恩来的妻子邓颖超拿着一条红色的毛毯走进了房间。

"你马上就要走了吗？"邓颖超低声询问正在收拾行李的周恩来。周恩来抬起头对妻子愧疚地说道："是啊，这一走又不知道什么时候能回来了，你在家一切小心。"

"去哪？"邓颖超追问道。周恩来拍了拍妻子的肩膀，一言未发。邓颖超深知革命保密需要，她将红毛毯放进了周恩来的行李中，并叮嘱他一定要随身携带。

周恩来到南昌后，立即投入紧张的起义工作中。8 月 1 日凌晨，起义的枪响打破了南昌城的宁静。冒着枪林弹雨，起义军占领了南昌城，周恩来等人领导的南昌起义成功了。

根据中央的作战计划，起义军要迅速撤离南昌，一举南下，进军广东。起义军进入广东地区后，遭到了敌人的重兵包围。面对敌众我寡的局势，起义军苦战数日后，被迫撤离。

当起义军撤退到普宁县流沙镇时，周恩来组织领导干部在一座教堂召开了"流沙会议"。会议气氛凝重，大家脸色黑沉，眉头紧皱。在认真商议后，起义领导人作出了一系列重大决策。

周恩来用沙哑的声音说道："部队立刻向海陆丰撤离，与当地的武装联合。起义领导人分散前往香港、上海等地转移。"

因长时间的超负荷行军和工作，周恩来染上了疟疾，连日来高烧不退。流沙会议期间，周恩来滴水未进、粒米未食，强撑着病体主持会议。

"不好！敌人的侦察兵来了！"就在会议即将结束之时，一位小战士冲进了会议室，向各位领导人紧急报告我方侦察兵候察到的情况。

事不宜迟，周恩来当即下令："起义军立即向海陆丰方向转移！"

此刻天色已擦黑，起义军趁着夜色四散转移。但随着病情的加重，周恩来浑身"打摆子"，转移过程中不时陷入昏迷，嘴里还喊着："冲啊！冲啊！"

在中共汕头市委书记杨石魂的带领下，周恩来、叶挺、聂荣臻等人终于摆脱了敌人的追击，抵达海陆丰地区。陪伴在周恩来身边的叶挺和聂荣臻等人，看到周恩来的身体状况每况愈下，决定先留下来，让他把病养好。

周恩来的病情越发严重，高烧不退。在当地党组织的帮助下，陆丰县南塘区委书记黄秀文将周恩来接到家中，托自己年迈的父亲照顾。他们还请了当地一位医术高超的老中医，为周恩来诊治。

在大家的悉心照料下，周恩来的病情终于有所好转。但由于病情拖延时间过长，想要痊愈还需要静养一些时日。为了安全起见，大家决定向兰湖村秘密转移，一边让周恩来安心养病，一边等待合适的出港时机。

兰湖村位置偏僻，地瘠人贫，但群众革命基础好。周恩来住在革命青年郑阿仲家中。看见被病魔折磨的周恩来面容消瘦，身体虚弱，郑阿仲的母亲十分心疼，给予了周恩来无微不至的照顾。

"孩子呀，我刚煮好了一碗绿豆汤，喝了可以散热降温。"郑母一手拄着拐杖，一手端着绿豆汤，颤颤巍巍地敲响了周恩来的房门。周恩来端起眼前还冒着热气的绿豆汤，感动不已。

在郑家暂住期间，周恩来非常关心当地群众的生活。精神好的时候，他与郑阿仲亲切聊天，耐心地为他讲述革命的经历和道理。他常常笑着对郑阿仲说："你们年轻人啊，应该多读革命书籍，只有懂得革命道理才能有远大的奋斗目标，在风浪中前进。"

转眼已是深秋时节，枯黄的落叶在寒风中簌簌飘落。周恩来病体初愈，准备从出海口前往香港。在郑家养病期间，周恩来发现郑家家境贫困，郑母只盖着一床破破烂烂的麻包袋。离别之际，周恩来从自己的行李中将随身携带的那床红毛毯送给了郑母。周恩来对郑母说："老人家，天气越来越冷了，这条毛毯留给您。"郑母推拒不肯收，但在周恩来的一再坚持下，郑母郑重地收下了这条珍贵的毛毯。

　　郑家收下毛毯后，一直舍不得用，将它珍藏了起来。岁月流转，这条毛毯早已失去了昔日的光泽，但那份浓浓的情谊，还在人们心间温暖流淌。至今，在陆丰兰湖村，周恩来赠毛毯的故事还在老百姓之间广为流传。

贺龙铁心跟党走

南昌市子固路，因纪念宋代文学家、政治家曾巩（字子固）而得名。子固路上，有一处中西合璧的建筑——中华圣公会宏道中学。

1927 年 7 月下旬，宏道中学的师生早已放暑假。贺龙率领的第二十军悄悄进驻此地。

28 日一大早，除了几个早餐铺，店铺大都还没开张，街道上行人稀少。周恩来带着随从，敲开了宏道中学的大门。

"谁?"值岗的警卫战士警惕地问道。

周恩来亮出自己的名片，说道："麻烦通报下你们军长!"警卫接过名片一看是周恩来，马上跑步向贺龙禀报。贺龙一听，立即起身前来大门口迎接。

"周主任，我们又见面了。"贺龙一边握手，一边将周恩来迎进门。

"贺军长，上次我们在武汉鲍公馆相谈甚欢，意犹未尽啊!"周恩来笑道。

二人落座后，周恩来开门见山，恳切地说道："贺军长，我们党计划在南昌起义，我想听听你的意见。"

话音刚落，贺龙斩钉截铁地说道："我完全听共产党的话，要我怎么干就怎么干!"

"好，感谢贺军长!"周恩来紧紧地握住贺龙的手，"我以前委的名义任命你为起义总指挥。"

"信任我贺龙，我当全力以赴。"贺龙郑重地说道。

此时，贺龙还不是共产党员，但他的态度却与共产党员一样无比坚定。他毫不犹豫地铁心跟党走，这是多么难能可贵啊！

要知道，此时贺龙身居高位，手握重兵，是各方势力竞相拉拢的香饽饽。但是贺龙不为金钱、权势所动，坚定地选择了跟着中国共产党走。

起义日渐临近，7月30日下午，贺龙指挥部的大礼堂内，军官们端坐整齐。贺龙摇着大蒲扇来到会场："今天召集大家来，有件重要的事情谈一谈。"只见贺龙话音未落，便收敛笑容，把扇子放在桌上，两手按着讲台，环顾众人郑重其事道："大家都知道，国民党已经叛变了革命，国民党已经死了。我们今天要重新树立起革命的旗帜。"

说到这里，贺龙停顿了下，表情严峻地扫视着到会的每个人。大家屏息凝神，目不转睛地望着贺军长。

贺龙压低嗓音，接着说道："革命到了危急关头，我们怎么办？根据共产党的命令，我决定带部队举行起义！你们，愿意跟我走的，我们一块儿革命，不愿意的，也可以离开。"

望着贺军长英俊、刚毅的面孔，战士们的内心汹涌澎湃，心儿怦怦直跳。这段时间，看着无数亲密的战友倒下，大家心里都憋着一口气，早就想大干一场了。

原来，共产党和贺军长正酝酿着如此振奋人心的行动。

"军长决定怎么办就怎么办，我们坚决跟着走！"此时，一位军官打破了沉默，道出了大家的心声。

"拥护这一行动，坚决起义！"大家纷纷应和道。

贺龙微笑着点了点头，说道："好，从今以后我们要听从共产党的领导，绝对服从共产党的命令！"

接着，贺龙和大家一起详细研究作战计划，并把战斗任务布置下去。

1927 年 8 月 1 日凌晨，南昌起义打响了。贺龙亲自上阵指挥，第二十军各部向敌人发起进攻。经过一整夜激烈的战斗，起义胜利了！

在次日新一轮朝阳升起的时候，每个人的脸上都洋溢着胜利的喜悦。

1927 年 9 月，南昌起义部队行至瑞金时，贺龙终于加入了中国共产党。他实现了自己多年的入党心愿。在周恩来等人的见证下，贺龙面对党旗，庄严宣誓："我志愿加入中国共产党……"

从此，贺龙踏上了新的革命征程，人生也掀开了崭新的篇章，完成了从一个旧式军人向共产主义战士的蜕变，成为人民军队的缔造者之一。

"拿武装就干"

陈毅，功勋赫赫的开国元帅。在其戎马一生的革命生涯中，他曾三次到江西南昌，在这座英雄城里留下了属于他的传奇经历。陈毅亲切地将自己称为"南昌人民的老朋友"。

1927年7月，全国上下被白色恐怖所笼罩。在武汉中央军事政治学校，一场暴风雨也即将袭来。负责学校党务工作的陈毅，是学校有名的"红帽子"——一位共产党员。

陈毅敏锐地嗅到了危险的气息，学校的师生，特别是共产党员和革命群众必须立即隐蔽转移。学校已经无法正常上课，只能被迫解散。两千多名留校的师生被编入张发奎部第二方面军军官教导团，陈毅担任负责人。

这支部队该何去何从？师生们七嘴八舌，议论纷纷。

"去广东，那里是革命的策源地。"有同学说道。

"还是秘密留在武汉吧！最危险的地方有时候是最安全的。"还有同学这样说道。

陈毅认真倾听着师生们的意见。他沉思片刻后说："去南昌。中央已准备在南昌发动起义！"

"好！我们就去南昌！"一位同学说道。

"跟着共产党走，没错！"同学们兴奋地呼喊。

"同学们，大家行动的时候注意保密，还是要打着'东征讨蒋'

的旗号。"

8月2日，陈毅带领着这些新成立的军官教导团的成员由武汉乘船而下。由于时间紧急，大家仓促乘船，直下九江。8月4日，船只陆续抵达九江。

第二方面军总指挥张发奎得知此情况后，立即下令缴了师生们的武装，并把他们集中起来。张发奎假惺惺地说道："同学们，国共已经分家了。叶挺和贺龙背着我在南昌举兵，把我的部队拉走了。不管怎么样，我是要继续革命的。现在，共产党的站一边，国民党的站一边。大路朝天，各走一边。"

面对张发奎的如此言行，大家默不作声。张发奎也毫无办法。

见此情况，陈毅秘密召集党员干部商议："同志们，南昌起义已经成功举行了。已经暴露了身份的共产党员，赶紧撤离部队，回家乡搞农民运动；没有暴露身份的，隐蔽在部队里，等待革命时机。我准备连夜出发去找起义部队。"

此时，夜已深。陈毅交代好各项事情后，带着特务连连长肖劲，连夜赶往南昌。

沿途都是敌人布置的岗哨，家家户户都大门紧闭。众人摸着黑赶路，刚走一会儿，就被哨兵拦住了。

"谁？老实点，举起手来！"哨兵恶狠狠地盘问道。

"当兵的，回家不干了！"陈毅冷静地回答道。哨兵上下打量了他们一番，说道："滚吧！"

陈毅等人一听，连忙赶路。

不知不觉天已蒙蒙亮，路旁草丛上的露珠打湿了陈毅、肖劲二人的鞋袜。他们饥肠辘辘，又累又困。想找旅店住下，可是旅店老板一看他们当兵的打扮，就连忙把门关上。陈毅二人没办法，只好回到山上树林中休憩一会儿。

天亮后，二人又匆匆赶路。总算在九江姑塘镇搭上了一条船，从鄱阳湖走水路进入南昌。

8月6日晚，经过两天两夜的追赶，他们终于抵达南昌。可是，南昌城的气氛沉闷恐怖，国民党反动派的残兵败将到处叫嚣。陈毅、肖劲二人找遍了南昌城的大街小巷，却没能找到起义军的一丝踪迹。一打听，才知是已经往抚州方向撤离了。

"怎么办？"肖劲问道。

"此地不宜久留，继续追！"

陈毅二人不敢耽搁，再次踏上了追赶起义军之路。

夕阳西下，烈日的余晖依然炙烤着大地。一口气出城十余里，远远望见一个渡口。走近一看，只有一条渡船。

"船夫，麻烦你渡我们过河！"肖劲央求道。

"封渡了！"船夫无奈地说道。

陈毅仔细一看，这个船夫年轻英俊、穿着讲究，一看就不像普通船夫。于是他便试探性地问道："小伙子，打听个事。你知道叶挺、贺龙的部队去哪了吗？"

这位貌似不寻常的年轻人，谨慎地打量着周围，说道："你们是谁？打听这个干什么？"陈毅说明了来意，这位年轻人说："我是学生联合会的，叶挺、贺龙的部队刚走。"

真是"山重水复疑无路，柳暗花明又一村"。确认了叶、贺部队的去向后，二人顿时有了干劲儿，不禁加快了前进的步伐。

陈毅、肖劲星夜兼程，终于在临川赶上了起义队伍，见到了周恩来。周恩来与陈毅两人是老朋友，一见面分外高兴。

陈毅说道："恩来同志，我们可是追着你们屁股拼命赶啊！总算找到了，你可得犒劳犒劳我！"

周恩来笑道："来得正好，有一个重要任务要交给你。"原来，有一支赣东的土匪武装，为首的称作邓司令，想要加入革命队伍。周恩来正愁派谁去。这下好了，眼前的陈毅不就是最合适的人选吗？

陈毅一听："好，我们这就去。"

可是，这一去凶险未知。他们好不容易联系上了接头人，可是在接头地点左等右等，连那位邓司令的影子都没见着。此时，追赶起义军的国民党敌兵已经涌入临川，正全城搜捕共产党。

肖劲担忧道："情况不妙啊，还要不要等了？"

陈毅神情凝重地说道："不能再等了，再不走就走不掉了。"

"屋漏偏逢连夜雨"，两人一出城就被抓住了。哨兵气势汹汹地问道："干什么的？是不是共产党？"

陈毅一听，这位哨兵说的是云南话。他灵机一动，说道："您是云南人，我是四川人，咱可是大同乡！老乡啊，讲那些做啥子哟，共产党咋了，难道共了你什么去？"

哨兵一听，心下想：老乡何苦为难老乡……于是便放陈毅二人出了城。

二人惊出了一身冷汗，决定披星戴月，再次追赶起义军。一波三折后，陈毅在江西宜黄再次赶上了部队。

"老同学，受苦了！"周恩来诚挚地拍拍陈毅的肩膀。

"莫嫩个说嘛（方言：别这样说），你安排我干革命工作吧！"陈毅说道。

"好，前委决定调你到第十一军二十五师七十三团当指导员。你可不要嫌工作小呀！"周恩来略带歉意地说道。

"什么小不小！你叫我当连指导员我也干，只要拿武装我就干！"陈毅坚定地握着拳头。

"拿武装就干"，这是国民革命失败后，每一位革命者目睹战友接连倒在血泊之中，从心底迸发出来的肺腑之言。只有拿起革命的武装，才能打倒反革命的武装。只有走武装斗争的道路，才能探索新的革命道路。从此以后，陈毅开始了他的戎马生涯，率领部队南征北战，直到革命的最后胜利。

八一"老兵"树榜样

八一之前老学生,学书学剑两无成。

而今重话南昌事,我是当年一老兵。

1966 年,一位年近 90 岁的老者,在参观南昌八一起义纪念馆后饱含深情地写下这首诗。这位自称"老兵"的南昌起义参加者,正是徐特立。

徐特立,出生于湖南省长沙市,是我国现代著名的革命家、教育家。他桃李满天下,教育培养了一大批优秀人才,毛泽东、何叔衡、蔡和森、蔡畅、李维汉、许光达、田汉等人都曾是他的学生。

1927 年春夏之交,共产党人到处被逮捕、被追杀。在这样的危难关头,50 岁的徐特立没有退缩,反而选择加入中国共产党,成为一名共产主义战士。

随后,徐特立辗转来到武汉。此时的武汉暗流涌动,危机四伏。

7 月 14 日,徐特立在武汉碰到了他的学生毛泽东。

"先生,您怎么来武汉了?"毛泽东关切地望着自己的老师。

"润之,许克祥发动'马日事变',长沙不太平啊。"徐特立一想到那些倒在许克祥屠刀下的革命青年,悲愤不已。

"恐怕将来还有无数个'马日事变'啊……"毛泽东忧心忡忡地

说道。

"这怎么办？难道就这样被动挨打？"徐特立说道。

"我们要用武力来对付他们，以枪杆子对付枪杆子，不会再徘徊观望了！"毛泽东坚定地说道。

"对，我们要拿起枪杆子奋起反击才行！"徐特立赞同道。

二人匆匆话别，相约来日再会。

此时，武汉形势愈加危急。中共中央正在紧急疏散、隐蔽党组织，秘密转移党的干部。

中央考虑到徐特立已年过半百，且在湖南教育界的影响力颇大，准备安排他回老家开展工作。

7月中旬，中共中央决定在南昌举行武装起义。徐特立听到这个消息后，辗转反侧，夜不能寐。他连夜向中央申请自己不回湖南，而是前往南昌参加武装起义。

得到党组织批准后，徐特立与同伴装扮成商人模样，坐轮船秘密赶往南昌。

此时的南昌城，革命力量和反革命势力暗中较量，看不见的硝烟在城中弥漫。一到南昌，徐特立就接到了一项特殊的任务。

"特立，终于盼到你来了。"林伯渠站在江西大旅社门口迎候徐特立。

两人见面后，双手紧紧握在一起。没想到，两个湖南老乡在南昌相见了。

"恩来同志在等我们！"林伯渠边走边说。

二人来到江西大旅社25号房间。

"特立同志，来得正好！有一项重要任务等着你！"周恩来激动地迎上前，握住了徐特立的手。

原来，时任江西省省长朱培德离开南昌上庐山了，走之前委托姜济寰代理省长一职。中央深知姜济寰的地位和影响，他的态度对于起义能否顺利举行有着举足轻重的意义。

派谁去争取姜济寰？一筹莫展之际，徐特立的到来可谓是解了燃眉之急。徐特立和姜济寰是湖南老乡，两人交情匪浅。

周恩来对徐特立说道："特立同志，争取姜济寰至关重要。有劳你和伯渠同志了。"

徐特立和林伯渠望着周恩来殷切的眼神，允诺道："我们保证完成任务！"

二人立即分头行动。徐特立给姜济寰书信一封，告知对方自己已到南昌，想登门拜访老友。姜济寰接到老友的信，不禁热泪盈眶，期盼见面畅聊。

徐特立和林伯渠来到姜济寰公馆，三人许久未见，一阵寒暄过后，林伯渠开门见山地说道："姜先生，我们了解您在国民党内的地位和身份，如若能够加入我们的队伍，我能保证你也有同样的地位。"

徐特立放下手中茶杯，接着说道："姜兄，咱们这么多年的交情，就明人不说暗话了。如今，国民党腐朽不堪，到处镇压革命活动。长沙'马日事变'，杀了我们多少进步学生?! 国民党的所作所为，天理难容。想必姜兄也看在眼里、痛在心里。中国共产党如今要在南昌起义，就是要反抗国民党反动派，自己拿起武器干革命。姜兄如果能加入，必将如虎添翼。"

姜济寰听后，沉思良久。随后，他缓缓开口道："我虽无大才大智，但是非黑白，我还是能分辨的。我听你们的，跟着共产党走，咱们共患难!"

就这样，徐特立二人顺利争取到了姜济寰参加南昌起义。

起义成功后，徐特立当选为革命委员会委员。随后，他随军南下。在临川，徐特立这名"老兵"又有了新身份，担任新组建的第二十军第三师党代表。

这支队伍刚刚组建，成员大多是青年学生、工农积极分子，革命斗争经验不足。面对行军中的重重困难，很多战士像泄了气的皮球，无精打采。徐特立看到这种情况，不顾劳累，深入队伍开展思想教育，和战士们谈心，耐心讲革命道理。他还处处以身作则，时时走在队伍最前面，和年轻的战士们一样，背着沉重的武器和物资。战士们被这位信念坚定、平易近人的"老兵"感动了，革命情绪逐渐高涨。

起义军南下正值溽暑时节，徐特立积劳成疾，高烧不退。即便在病中，他也依旧乐观、开朗。

部队抵达福建汀州，徐特立住进了福音医院。在谈话中，医生和护士们得知，徐特立五十岁才刚入党，不禁又惊讶又钦佩。看到大家吃惊的样子，徐特立笑道："五十岁，正是做事业的大好年华，我还能为党奋斗三四十年呢！"

在此后艰苦卓绝的革命征程中，徐特立这位坚强的"老兵"，参加了二万五千里长征，历经抗日战争、解放战争，为中国革命和社会主义事业奋斗终身。

不爱红装爱武装

飒爽英姿五尺枪，曙光初照演兵场。

中华儿女多奇志，不爱红装爱武装。

毛泽东曾题诗赞颂女兵"巾帼不让须眉"的英雄气概。其实，人民军队自南昌起义诞生时，就活跃着一支女兵队伍。

在南昌八一起义纪念馆，陈列着一张珍贵的大合照。照片题为"中央军事政治学校武汉分校入伍生总队政治女生大队全体合影"，拍摄时间为1927年3月5日。照片上这群年轻女兵，头戴大檐帽，留着齐耳的短发，身着军装，腰束皮带，个个英姿飒爽。

在当时，当女兵可是稀罕事。学校女生指导员彭猗兰回忆道，当时，女生离家上学已属少见，更不用说当兵了。人们总以诧异的眼光来看她们。女生离开家庭，报考军校，穿上军服，和男生一样进行训练，剪发、背枪，列队走在武汉三镇的大街上，唱着革命歌曲，喊着反帝、反封建、反"蒋"的口号，刷标语，散传单，做演讲，演话剧，进工厂宣传……这些都是人们从前做梦都不曾想到的新鲜事。

1927 年 8 月，照片中的三十多名女兵参加了南昌起义，成为人民军队中的第一批女兵。她们站岗执勤，抢救伤员，积极宣传。谭勤先、陈觉吾、杨庆兰、王鸣皋等四位女兵，因身体强壮、机智勇敢，被大家誉为"四大金刚"。

机智应敌

8 月中旬，起义军到达抚州宜黄，驻扎在城外一处破落的寺庙中。因年久失修，四周的围墙早已坍塌，寺庙被葱葱郁郁的香樟树环绕。

这天，轮到女兵谭勤先站岗放哨。她背着枪，机警地观察着四周。

忽然，从西面传来一阵阵细碎的脚步声。

"有情况，是敌是友？"谭勤先来不及细想，便准备用口令试探对方。她大声喝道："口令！"

一连问了三次，对方没有回答，还在朝她的方向走来。

"是敌人！"谭勤先心里已经确认，但没表现出丝毫慌张。她立即向寺庙附近的战友发出信号，一面以恐吓的口气大喊："把枪放下，缴枪不杀！你们被大部队包围了！"

敌人摸不清底细，一听被包围了，顿时如热锅上的蚂蚁，慌作一团，有的瘫在地上，有的掉头便跑。起义部队闻声迅速出击，将这股敌人包围了起来。敌人见势不好，全部缴械投降。大家对沉着冷静、机智勇敢的谭勤先纷纷投来赞许的目光。

救护伤员

8月30日，会昌战役打响了。战斗异常残酷，一批一批的伤员从前线运下来。

会昌山下，在一间临时搭建的简易医疗救护所内，胡毓秀、彭援华等女兵紧张地忙碌着。她们争分夺秒，包扎、止血，紧急抢救伤员。

胡毓秀为了做好救护工作，一路做足了功课，一边行军，一边学习，向有经验的医护人员请教，熟悉医疗常识，掌握包扎方法。她做事麻利，包扎起来又快又好。

可是，从前线抢救下来的伤员源源不断。救护所很快就满员了。她们又深入村庄，动员群众拆下门板架起临时床铺。

床铺上躺满了伤员，医护人员根本忙不过来。战士们有的头部中弹，有的腰部受了重伤，还有的被打断了手臂……大家已经一连几夜没合眼，两眼熬得通红，满是血丝。炎炎夏日，她们汗流浃背，身上的衣服湿了又干，干了又湿。在这种恶劣的条件下，大家没有一个人叫苦叫累，悉心护理着伤员们。

由于药品短缺，天气炎热，不少伤员除了战伤，还染上了流行病，这使得护理工作十分繁重。为了替伤病员减轻伤痛，女兵们使出了浑身解数，有的讲《三国演义》中关羽刮骨疗毒的故事，有的讲《水浒传》梁山好汉的故事。女兵们的乐观开朗深深感染着大家，战士们也在积极配合治疗。

在女兵和医护人员日夜辛勤的护理下，战士们的伤情日渐好转。每当他们伤愈归队时，就是女兵们最开心的时候。

积极宣传

为了活跃行军生活，女兵们还承担着部队的宣传工作。在崎岖的行军路上，为了缓解行军的疲劳，女兵们拉开嗓门高唱《革命歌曲》："走上前去呵，曙光在前。同志们奋斗，用我们的刺刀和枪炮开自己的路……"唱着唱着，就汇成了大合唱。雄壮的歌声此起彼伏，震荡山间……

这一天，女兵们又凑在一起，叽叽喳喳地讨论着排演一部话剧。

年仅 17 岁的杨庆兰是女兵中年龄最小的一个。可别小瞧她年纪轻轻，身体却结实得像头小牛犊。她臂力惊人，枪法又准，搞起宣传也头头是道。

她抢着说道："排话剧好玩，又生动又有趣，战士们肯定喜欢。"

演什么内容呢？大家你一言，我一语，定不下来。女兵彭援华灵机一动提议道："我们演一出'老祖母念《金刚经》'，如何？"

"有意思，是什么内容呢？"大家追问。

看着大家急切的目光，彭援华忍不住扑哧一笑，说："大致的剧情是讲江西农村的一个老农妇，祖孙三代过着安定的生活。这位老农妇信佛，最喜欢念《金刚经》。一天晚上，国民党派人来抓夫，把她的儿子抓走了。不久，她的孙子因病无钱医治夭折了。老农妇和儿媳在国民党的暴政下过着悲惨的生活。"

"谁来扮演老农妇这个角色呢？"大家齐声问道。

"我来试试吧！"彭援华积极举手。

接下来，女兵们投入紧张的排练中。很快演出就正式开始，只见彭援华扮演的老农妇念起《金刚经》，居然张口就来，煞有介事。士兵们看得入神，赞不绝口。这次演出，虽然道具简陋，但反响很好，大大加深了大家对国民党反动派的痛恨，坚定了大家的革命意志。

女兵们的表现得到了周恩来的赞赏："女将们，你们这一路表现得很不错，又勇敢又有毅力。将来革命发展了，你们也能和男儿一样担负重要的革命工作……"

此后，人民军队中的女兵，为革命事业挥洒青春和热血，成了革命队伍里一道靓丽的风景线。

"切莫为我空悲痛"

天愁地暗，惨雾凄凉，千万人声沸腾，来到杀场，不觉恨填胸。我心中含着许多悲愤，别了！别了！别了！许多朋友别了，许多士兵别了，许多工农及一切劳苦大众别了。我今躺在血地上，切莫为我空悲痛，但愿对准我们的敌人猛攻！猛攻！

这是一封满怀革命激情的遗书，信里充满对敌人的深深仇恨，也饱含对革命事业的无限留恋。这封遗书是谁留下的呢？

1899年，位于嘉陵江西岸的四川南部县，一户农民家庭正焦急地等待着。伴随着一阵啼哭，一个男婴降生了，他就是李鸣珂。新生命的降生，为这户贫困的家庭平添了喜气，全家喜笑颜开。小鸣珂自小天资聪颖，学习成绩门门优秀，是全家人的骄傲。

1925年，李鸣珂辗转到广州，考入黄埔军校第四期步兵科学习，并光荣加入中国共产党。李鸣珂成熟稳重，又曾在川军当过兵，同学们亲切称呼他为"老军务"。

从黄埔军校毕业后，李鸣珂被分配到叶挺的部队。一听去叶挺军中工作，李鸣珂激动不已。他早已有所耳闻，叶挺是北伐名将，立下了赫赫战功。叶挺对李鸣珂也十分赏识，委派他组建教导大队。李鸣珂不辞辛劳，不到半个月就招募到一千多名学员，而且是清一色的党员、团员。这是一支革命的新生力量。党组织先后派周恩来、恽代英、叶挺给战士们上课。这批训练有素、忠于革命的战士，成为后来南昌起义手枪队的主力。

当时，"八一"风暴前的南昌，风云激荡、惊雷将起。周恩来、贺龙、叶挺、刘伯承等一大批干部云集在此，准备起义。为了保卫领导人安全，南昌起义准备组建一支神秘的队伍——手枪队。

江西大旅社喜庆礼堂内，周恩来、叶挺、刘伯承等人正在商讨着。

周恩来说道："手枪队队长由谁来担任呢？"

叶挺和刘伯承异口同声地说道："李鸣珂！"二人随即相视一笑。

周恩来点点头道："李鸣珂同志——早有耳闻，就是被大家称为'老军务'的那位？"

叶挺回答道："没错。二十四师教导大队也是他一手创办的。"

刘伯承也说道："李鸣珂在川军时，我就认识他了。这次到南昌来，前委成员的安全警卫工作也是他负责。"

"那就他吧。"周恩来满意地说道。

李鸣珂接到命令后，深感任务艰巨。在到处弥漫着白色恐怖的年代，反动派的密探隐藏在各处。他们到处搜索共产党人的踪迹，追捕党的领导人。这次起义领导人的安全保卫工作，一定要做到万无一失。

这支队伍一定要由忠诚可靠且本领高强的人组成。李鸣珂精挑细选，从教导大队中挑选了部分骨干力量，又从贺龙部队里挑选了一些忠实可靠的战士。

手枪队一共由 30 多人组成，人数不多，任务却十分繁重。李鸣珂不敢掉以轻心，率领着手枪队战士日夜站岗。无论是在驻扎营地，还是在行军途中，他们都丝毫不敢松懈。

除了保卫工作，警卫队还要负责保管机密文件和军费现金。遇到紧急军情时，还得随时支援战斗。

起义领导机关在进军上杭途中，突然遇上一小股埋伏的敌人。李鸣珂马上组织反击，保卫领导人员迅速转移。经过激烈战斗，他们终于打退敌人，到达宿营地。李鸣珂刚松口气，把悬着的心放下来，怎料军需官气喘吁吁地跑过来，带着哭腔说道："队长，我不小心把文件箱弄丢了。"

李鸣珂一听，心"咯噔"一下又紧张起来了。这可是党的机密文件啊！要是落在敌人的手里，就全泄密了。他二话不说，立即率领手枪队，连夜摸黑，通过敌人的封锁线，仔细搜寻，终于找回了文件箱。

得知消息的周恩来，看到李鸣珂安全归队，露出了赞许的笑容，对他通令嘉奖。

南昌起义后，李鸣珂辗转来到上海，加入周恩来创办的中共中央"特科"，成为隐蔽战线的骨干成员。1930年4月，李鸣珂在执行任务时，不幸被捕。敌人对他施尽了酷刑，可他严守党的秘密，宁死不屈。他轻蔑地对敌人说道："怕死不是共产党员！"

在狱中，李鸣珂知道敌人很快要对自己下毒手了。他抓紧一切时间给党中央、周恩来、他的爱人李和鸣写下多封遗书，表达他对党的事业的忠诚，对同志的无限深情，对革命胜利的渴望！

1930年4月19日下午，李鸣珂在重庆朝天门英勇就义，年仅31岁。同志们在掩埋他的遗体时，从他口袋里找到了这封令人无比动容的遗书。

"切莫为我空悲痛"，李鸣珂烈士没有白白牺牲，他让我们铭记：我们今天的美好生活是烈士们用鲜血换来的！

一张迟到的烈士证书

在南昌八一起义纪念馆，有一面展墙格外引人注目，上面密密麻麻地刻着一千多个名字。起义参加者有两万余人，留下姓名的却不到十分之一。起义时，他们平均年龄才 27 岁，很多战士的生命止步于 1927 年。

冷相佑，就是其中的一位英烈。

冷相佑是谁？他是哪里人？他还有亲人吗？

"丁零零……"一阵急促的电话声响起。南昌八一起义纪念馆陈列部接到了一位家属的电话。

"我是冷相佑的后人，请问您这里是南昌八一起义纪念馆吗？"电话那头，是纪念馆苦苦追寻了多年的起义参与者冷相佑的家人。

冷相佑，1903 年出生于山东郯城的一个中医世家，家境富裕。他自小学习勤奋刻苦，年少在家时读了很多古籍，练得一手好书法。他还自幼跟着长辈们习武练拳，练就了一身功夫，可谓是文武兼备。

在革命思潮的影响下，冷相佑远离家乡，前往广州投考黄埔军校。他考入黄埔军校一期步兵科，编入第四学员队学习。在黄埔军校学习期间，受周恩来、陈赓等共产党人的引导，冷相佑的思想不断进步。1924 年 7 月，他在陈赓介绍下加入中国共产党。1924 年 11 月，黄埔军校第一期学员提前毕业。学习成绩优异的冷相佑，留校担任黄埔军校教导二团排长，成为黄埔军校的一名军官。

冷相佑不仅从学员升任军官，还因作战勇猛，被周恩来赞誉为"黄埔硬骨头"。1926 年秋，受周恩来的派遣，冷相佑到贺龙的部队担任上尉连长，参加北伐战争。1927 年 8 月 1 日，他跟随贺龙参加了南昌起义。随后，部队转战广东。9 月 30 日，为掩护大部队撤退，冷向佑率部在潮州竹竿山与敌激战，不幸中弹牺牲，年仅 24 岁。

1956 年，冷相佑被评定为革命烈士。可是，这张烈士证书却一直不知寄往何方，也无人来认领。

原来，冷相佑自走上革命道路，仅在 1925 年秋回家探亲过一次。1926 年，冷相佑参加北伐战争前夕，把随身携带的一个柳条箱寄回家。此后，冷相佑的家人再无他的音讯。

他们哪里知道，日思夜想的亲人已经牺牲了。他的生命永远定格在了 1927 年。

家人一直在苦苦等待，多方打听。冷相佑的妻子整日以泪洗面，他的遗腹子还未见过父亲的模样。

2010 年，冷家后人无意中在网上查询到冷相佑的名字。

此后，冷氏子孙踏上了漫漫寻访路。他们沿着冷相佑的革命足迹，来到黄埔军校。在这里，他们查阅到了冷相佑的入学档案，在这份档案中，找到了冷相佑一张证件照。只见他身着军装，头戴军帽，是那么英姿勃发。这是冷相佑留下的唯一一张照片，这也是冷相佑儿子第一次见到父亲的模样。

在南昌八一起义纪念馆，他们了解了冷相佑带领起义战士攻打大校场营房的战斗事迹。在潮州，他们爬上竹竿山，仿佛看到了冷相佑腹背中弹，身负重伤，却还在咬牙坚持战斗，最终倒在血泊之中……

2014 年，冷相佑的后人将材料交到中国人民解放军原总政治部。原总政治部立即出具证明，并与民政部门取得联系，为冷相佑补办了革命烈士证书，以告慰烈士在天之灵。

离家少年身，归来英雄魂。一张迟到的烈士证明书，记录了冷相佑对党忠诚、视死如归的革命精神，他的名字值得我们永远铭记。

一个伟大的民族不能没有英雄，一个伟大的国家不能没有先锋。每一个隐没在历史深处的名字背后，都是一个鲜活的生命；每一张革命烈士证书背后，都是一段荡气回肠的英雄赞歌。

后记　伟人留踪忆往事

斗转星移，时光荏苒。1927 年，他们云集南昌，共商起义。中华人民共和国成立后，他们魂牵梦萦，情系"英雄城"。

阅尽千帆，归来初心未改。光影交错间，他们满怀深情追忆往事；谈笑凯歌中，他们仿佛回到了当年……

"你们是接班人，接班人站前面"

1961 年 9 月 18 日下午，晴空万里，天空澄澈湛蓝。太阳温柔地照耀着大地。送走炎炎夏日，南昌城不仅迎来了清凉的秋天，还迎来了一位特殊的"客人"。

"周总理来了！周总理来了！"早早迎候在南昌八一起义纪念馆门口的群众，掩饰不住内心激动的心情，热情地欢呼着。周恩来向群众挥手致意，亲切地和纪念馆工作人员一一握手。只见他衣着朴素，穿着一身褪色的灰卡其布中山装，面容和蔼，神采奕奕。

周恩来缓步登上总指挥部旧址台阶，笑着对大家说："是这栋房子，没有变。我经常在这里开会工作，这个地方我熟悉。"说着，他跟着讲解员走进喜庆礼堂。

这里的布置还是 1927 年的模样。开会的桌椅整齐地排列着，时钟指向当年起义打响的时刻——凌晨 2 点。周恩来在会议大厅轻轻地走着，思潮起伏。时任江西省委第一书记的杨尚奎问道："您在这里开过会吧？"周恩来点点头道："开过，有些重要的会议是在这里开的。"

他边参观，边回忆当年的战友。他在军事参谋团办公室回忆为人谦逊的刘伯承同志，周恩来称赞道："伯承同志在南昌起义中立了功，他一贯周到细致，作战指挥很有办法。"

他又指着贺龙旧址房屋模型说道："贺龙住的这栋房子，我印象很深，是两层楼房。我去过多次。贺龙当时领导一个军，是起义军的'大户'。他性格豪爽，斗争坚决，什么敌人也不怕……"

接着，他又说："叶挺的指挥部设在一所学校里，校名叫心远，校长姓熊。"

在朱德旧居照片前，随访人员问周恩来："听说您来南昌的第一天，就住在朱德家里？"

他笑着说："是的，我以后住的地方，是一所学校，也是朱德找的。朱德在南昌起义时是一个很好的参谋和向导。"

事隔 30 多年，周恩来惊人的记忆力，让大家深深叹服。时间总是那么短暂，几个小时的参观很快就结束了。周恩来亲切地和大家合影留念。大家请周总理站在前排当中，他笑着说："年轻人站前排，你们是接班人嘛，接班人站前面。"说着，他要几个年轻人站过来，站在自己的面前。大家推辞不过，依从了总理，一起留下了这珍贵的美好瞬间。

"中国革命一定会胜利的！"

1961 年春节，南昌城到处洋溢着节日的气氛。街头张灯结彩、喜气洋洋，一串串大红灯笼、一副副喜庆春联……

2 月 16 日，农历正月初二，朱德和夫人康克清来南昌与大家共度春节。

"朱总司令回来了！"站在纪念馆门前欢迎的工作人员无比激动。此时，朱德已是 75 岁高龄，他虽然拄着拐杖，但步伐依然矫健。

看着一件件展品，一张张照片，朱德思绪万千，打开了回忆的匣子。他徐徐说道："我是 1926 年到武汉，见到了党中央的同志。他们一致要我来江西工作。因驻守江西的北伐军第三军军长朱培德是我云南讲武堂的同学，到南昌后，我创办了第三军军官教育团，后又兼任南昌公安局局长。"

走进陈列室，朱德当起了"讲解员"。他面容慈祥，语调轻松，津津有味地把一些细节告诉大家。

这时，纪念馆工作人员问道："听说起义的那天晚上，您曾以'请客'的名义逮捕了两个敌团长，是真的吗？"

他笑着说："是真的，有那么一回事。这也算是当时前委起义作战计划的一部分吧。"

在天心圩军人大会油画前，讲解员介绍道："每当我们向观众介绍您在天心圩军人大会上的讲话，观众都很感动。"

朱德笑了笑说："那时候真难呀，与中央失去联系，部队不知道去哪里。人心涣散，开小差的很多。这时，我向大家讲了几句心里话，只要有十几、二十几个人，我也要干下去，中国革命一定会胜利的！"

贺龙默默细数着"一个，两个，三个……"

1959 年 1 月 16 日上午，贺龙来到第二十军指挥部旧址。

这处旧址位于南昌市子固路 165 号，有前后两栋建筑。临街的这栋，是中华圣公会创办的宏道中学，一楼大厅是学校的礼堂，二楼是中华圣公会的宏道堂；后院的小洋楼是校长刘平庚的住宅。

1927 年 7 月下旬，贺龙率部从九江来到南昌，将指挥部设在宏道中学。贺龙就借住在后院校长家中。

30 多年过去了，这里改成了南昌市子固路小学。琅琅的读书声传到窗外。贺龙在孩子们上课的时候，轻轻地从教室外走过，穿过小圆门，走进礼堂。他看了看，感慨道："这是战士们开会的地方，还是原来的样子，没有变。"

贺龙又走进自己当年住过的房间。卧室里摆放着一张帆布的行军床、一张书桌和一个书架。贺龙亲自把行军床移向书架，补充道："我习惯床头靠近书架，晚上拿书方便。"

他又拿起一个青铜小烛台，问大家："你们知道这是干什么用的吗？"

"放笔的。"有人答道。

"是烟灰缸吧？"还有人猜测。

贺龙笑着揭开谜底："这是放蜡烛的。那时南昌下半夜没有电灯，就用这个。"

大家边走边参观。当走出第二十军指挥部旧址大门时，贺龙看了一下当年激战留在二楼窗口的弹痕，他默默细数着："一个，两个，三个……"

然后，他笑着向大家解释："是起义那天晚上打的。"

陈毅挥笔题馆名

1958年9月5日，纪念馆的讲解员听说今天有一位首长会来，便早早地在馆里等候。

一大早，一位身着白衣灰裤，脚穿布鞋的"客人"来到纪念馆。他身材魁伟，戴副茶色眼镜，轻车简从，仅带了一名秘书。年轻的讲解员怎么也没想到，眼前这位朴素的"客人"竟然就是"首长"。

只见这位"首长"兴致勃勃地参观展览。他看得很专注，还不时地和秘书轻声交谈。在一张合影前，他停下脚步，用四川口音很重的普通话辨认着照片上的人。这引起了讲解员的注意。

参观快结束时，讲解员拿出馆里的签名本请他题词。当看到落款时，大家惊讶地发现，这位平易近人的首长竟然就是陈毅元帅！

陈毅元帅十分亲切随和，他说："我是南昌人民的老朋友了，这是我第三次来南昌，南昌起义我只参加了最后一半，我在南昌起义中经历的事情，可以写几个小故事给你们。"几句话让大家顿时放松了许多。

当时纪念馆尚处于筹建阶段，还没有正式的馆名。陈毅参观结束后，讲解员大胆向陈毅元帅请求道："您给我们写块招牌好吗？"

"啥子招牌嘛？"陈毅一下子没弄清意思，笑着问道。

讲解员解释道："就是请您为纪念馆题写个馆名。"

陈毅欣然同意，挥笔写下"南昌八一起义纪念馆"几个大字。

写完后，陈毅谦虚地说："我的字不行，党内老同志中书法家很多，你们将来有好的，就把我的换下来吧！"

如今，陈毅元帅亲笔书写的"南昌八一起义纪念馆"几个大字，镌刻在纪念馆正大门石墙上，吸引着无数游客合影留念。

附　红色研学导览

📍 南昌起义总指挥部旧址——江西大旅社

南昌起义总指挥部旧址位于南昌市中山路 380 号，原为江西大旅社，建成于 1924 年。整栋楼房是一座中西合璧的建筑，大楼外观呈银灰色，坐南朝北，主体建筑共 4 层，是当时南昌最为豪华的大旅社。

江西大旅社主立面采用水泥浮雕花饰，具有典型的西式建筑风格；楼内有一天井，有通风采光的作用，下雨天还有"四水归堂"之意。四周的房间环绕天井排列，形成回字形格局，又具有典型的中国江南民居传统建筑风格。江西大旅社共有 96 间客房，一楼设喜庆礼堂，供举行婚寿庆典之用；二楼是中餐厅，又称江天大酒楼，每个包厢房都以名贵花木命名，如碧桃、丹桂、红梅、玫瑰等；三楼是西餐厅。

　　1927年7月27日，以周恩来为书记的党的前敌委员会在大旅社内宣告成立，该处便正式成为领导南昌起义的总指挥部。新中国成立后，江西省交际处接管了江西大旅社。1959年，南昌八一起义纪念馆在江西大旅社成立。昔日的豪华大旅社，现已成为万人敬仰的红色圣地。

📍 南昌八一起义纪念馆

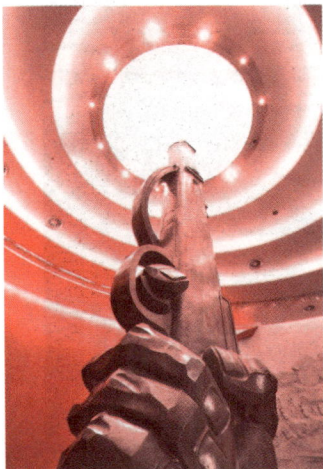

　　南昌八一起义纪念馆位于南昌市中山路380号。1956年开始筹建，1958年陈毅亲笔题写馆名，1959年10月1日正式对外开放。1961年，南昌八一起义纪念馆所管理的五处革命旧址——南昌起义总指挥部旧址、叶挺指挥部旧址、朱德旧居、朱德军官教育团旧址、贺龙指挥部旧址均被列为全国重点文物保护单位。

南昌八一起义纪念馆总展陈面积达 3635 平方米，展线 998 米，展出各类图片、图表 509 幅，文物展品 407 件（套），艺术品 51 件，大型景观及多媒体展示 8 组。展览空间分为两层，一层为主要展览区域，二层主要为专题展区和多媒体互动展区。整个展览以"南昌起义伟大的开端"为主题，分为"危难中奋起""伟大的决策""打响第一枪""南征下广东""转战上井冈""群英耀中华"六个部分，另设专题展"光辉历程　强军伟业"。展览以丰富的历史照片、珍贵的文物全面生动地反映南昌起义的光辉历史，展现了在中国共产党领导下，人民军队由小到大、由弱到强，历尽千辛万苦，战胜千难万险，为实现民族独立、人民解放和国家富强、人民幸福建立的不朽功勋！

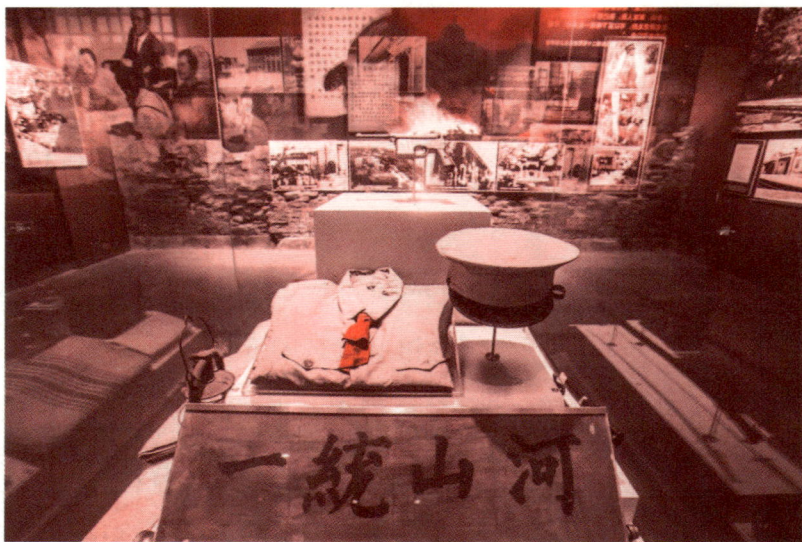